Norman Bancroft-Hunt
Werner Forman

Totempfahl
und Maskentanz

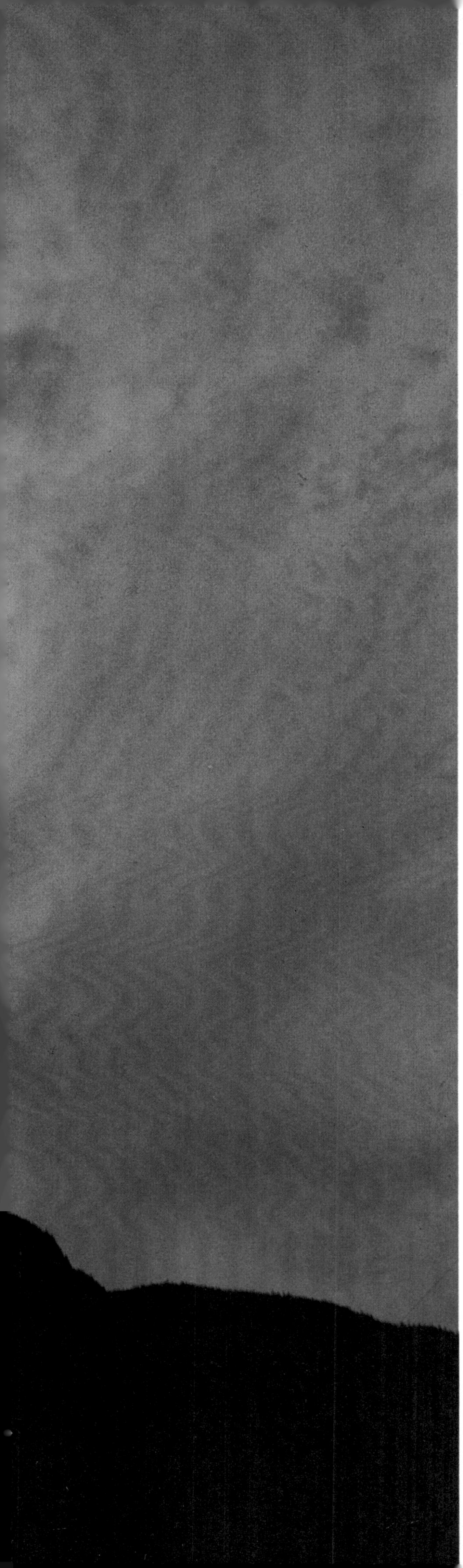

Der Widerhall alter Kulturen

Totempfahl und Maskentanz

Die Indianer der pazifischen Nordwestküste

Herder Freiburg · Basel · Wien

Gewidmet den Eingeborenen der Nordwestküste

Vorsatzblatt: Tlingit-Decke mit Mörderwal-Motiven
Seite 1: Medizinrassel eines Tlingit-Schamanen: Darstellung eines Kranichs mit dem Geist des Schamanen auf dem Rücken
Titelbild: Totempfähle in einem Tsimshian-Dorf

INS DEUTSCHE ÜBERSETZT VON JUDITH WHITTAKER

Die Originalausgabe erschien unter dem Titel
People of the Totem
bei Orbis Publishing Limited, London

ISBN 3-451-18829-5

Inhalt

Einleitung: Das Land der Totem-Stämme . 7

Die Gemeinschaften 25
Potlatch 51
Das Übernatürliche 69
Mythos und Kosmologie 89
Tanz und Zeremonie 103

Quellenverzeichnis 126
Literaturhinweise 126
Namen- und Sachverzeichnis 126

Einleitung:

Das Land der Totem-Stämme

An der Pazifikküste Nordamerikas, angefangen von der Mündung des Columbia-River im Staate Washington über British Columbia und das südöstliche Alaska bis zur Yakutat-Bai, verläuft ein schmaler Landstreifen mit vorgelagerten Inseln, der geographisch durch das Küstengebirge vom Landesinneren getrennt ist. Ein flüchtiger Blick auf dieses Gebiet vermittelt den Eindruck einer menschenfeindlichen Gegend.

Die Berge steigen direkt aus dem Meer zu schneebedeckten Gipfeln von über 1000 Metern empor – eine Folge der Auffaltung der Küstengebirge während der Eiszeiten des Tertiärs und Pleistozäns vor mehr als 10000 Jahren. Über die weiteste Strecke bilden sie die Küstenlinie und erstrecken sich ungefähr 160 km landeinwärts. Dieser Gebirgszug verhindert durch seine Höhe praktisch jedes Überqueren, ausgenommen an Pässen, die von großen Strömen, wie dem Nass-, Skeen- und Stikine-River im Norden sowie dem Columbia-River im Süden, eingeschnitten wurden.

Diese schroffe Landschaft erhält einen besonderen Akzent durch unzählige Buchten und Fjorde, die lange schmale und äußerst tiefe Küsteneinschnitte bilden. Vor der Küste dehnt sich ein Band zahlloser Inseln aus, die einmal die Gipfel und Hochebenen von Bergen waren. Einige davon sind sehr groß – Vancouver, die größte, hat eine Fläche von 32500 qkm –, aber sehr viele sind auch kaum mehr als Schären. Die ganze Länge der Küste British Columbias vermittelt eine Vorstellung von der Ausdehnung der Inseln und Fjorde: eine gerade Linie, von der Südspitze um Vancouver bis zur Grenze nach Alaska gezogen, würde ungefähr 800 km messen, aber wenn man allen Fjorden und Buchten folgt, ist die tatsächliche Küstenlinie ungefähr 34 mal länger.

Links: Ein brodelnder Himmel und schimmerndes Licht über dem Wasser legen einen geheimnisvollen Schleier auf diese typische Landschaft der Nordwestküste.

Fast alle archäologischen Funde der Nordwestküste sind aus Stein und wurden im Tal des Fraser-Rivers gefunden. Daraus kann man auf ein früheres Kulturzentrum der Küsten-Salish im Gebiet Britisch-Kolumbiens schließen.
Ganz oben: Zeremonielle Steinschale, wahrscheinlich als Mörser zum Zerreiben von Tabak oder Farbpigment verwandt.
Oben: Kopf einer Steinfigur zum Andenken an eine bedeutende Persönlichkeit.
Links: Ein mit Moos überwachsener Baum auf den Queen-Charlotte-Inseln zeugt davon, daß dieses Gebiet im Volksmund seinen Namen „Regenküste" verdient.

Obwohl das Gebiet unwirtlich ist, nimmt ihm ein mildes, feuchtes und windiges Klima etwas von seiner Strenge. Der Kuro-Schio oder Pazifische Strom nämlich, eine Strömung warmen Wassers, zieht in einiger Entfernung von der Küste nordwärts am Rand des Continentalschelfs entlang. Längs dieses Stromes bilden sich Nebelbänke als Folge aufsteigender Warmluft. Landeinwärts getrieben bedecken sie die Küstenzone und steigen am Abhang der Berge auf. Steigungsregen bringt dann den inneren Inseln und dem Festland eine hohe jährliche Niederschlagsmenge. Die von der See wehende Warmluft bestimmt die Temperaturen an der Küste: kühle Sommer und milde Winter. Sogar in nördlichen Gegenden liegen die Werte auch mitten im Winter über dem Gefrierpunkt, bis auf ein paar Tage, wenn die „williwaws" genannten Stürme aus dem Landesinneren kalte Luft die Fjorde hinuntertragen. Aber im allgemeinen sind die Küstenlandschaften durch ihre Gebirgsbarriere gut geschützt gegen das subarktische Klima aus dem Landesinneren.

Der Pazifische Strom verdrängt kaltes Wasser in Richtung Küste. Dadurch bleiben dort die Wassertemperaturen sehr niedrig und steigen sogar in den Sommermonaten nur um zwei Grad Celsius auf. Da dieses kalte Wasser durch Rinnen, Durchfahrten und Sunde, die zwischen den Inseln liegen, durch enge Einschnitte, die zu weiten Buchten führen, gepreßt wird, erzeugt es Strömungen, Wirbel, Strudel, Flutwellen und Tidenunterschiede bis zu 4 $^1/_4$ m Höhe. Manchmal ist die Küste vollkommen ruhig, doch schnell können Stürme hohe Wellen heranführen, die gegen das Ufer peitschen.

Die gefährliche See ist jedoch bei weitem nicht so verwirrend wie das Land, wo ein hohes Blätterdach in den Wäldern sogar an sonnigen Tagen eine dunkle Welt des Zwielichts schafft. Ständig tropft irgendwo Wasser. Dies zeugt von einer hohen Luftfeuchtigkeit, die einen tiefen, üppigen und schillernden Moosteppich wachsen läßt; Moos und Flechten bedecken alles – festen Boden, Moor, verrottende Pflanzen, glatte Steine, sogar Baumstämme – und machen jeden Schritt zur Gefahr. Man setzt seinen Fuß auf scheinbar festen Boden und rutscht im nächsten Augenblick in einen Felsspalt oder über einen umgefallenen, verrotteten Baum. Diese umgestürzten Baumstämme bleiben oft als Hindernisse liegen, da Holzarten wie die Zeder nur langsam zerfallen und jahrelang erhalten bleiben.

Die Bäume sind hauptsächlich Nadelhölzer, die sehr groß und mächtig werden. Die mit Tannen und Fichten bedeckten Berghänge reichen meist vom Meer bis fast zur Schneegrenze. Ferner findet man ausgedehnte Bestände von Eiben, Hemlock- oder Schierlingstannen und Zedern. Wo die Bäume licht genug stehen, um die Sonnenstrahlen durchzulassen, entfaltet sich ein üppiges Wachstum kleineren Buschwerks, hauptsächlich am Rande von Sümpfen und entlang der Flußufer.

Die Nordpazifikküste bietet einen abschreckenden, aber dennoch unbestreitbar herrlichen Anblick. Manchmal legen sich dicke Wolken dicht über den Boden und verbergen alles; früher fuhren Schiffe oft dicht an Inselgruppen vorbei, ohne von ihrer Existenz etwas zu erfahren. Aber zeitweise ist die Luft kristallklar, und schneebedeckte Berge schimmern in der Ferne. Dann verschmelzen nachts am Horizont Himmel und Meer, und bei Frost spiegeln Eiskristalle das Schimmern eines großen glühenden Hofs um den Mond wider und zeigen eine atemberaubende, wie mit Silber und Diamanten übersäte Landschaft.

Auch in unseren Tagen ist, trotz moderner Entwicklung und Verkehrstechnik, das Reisen in diesem Gebiet noch mühsam und zeitraubend. Die Verbindungen sind schwierig, weil man eine hohe Bevölkerungsdichte nur in dem entwickelten Gebiet um Vancouver, Victoria und Prince Rupert Island findet. Gerade in dieser von äußeren Einflüssen unberührten Region entwickelten die Indianer der Nordwestküste – die Totem-Stämme – eine wegen ihrer Sozialstruktur und ihrer kulturellen Leistungen außergewöhnliche Zivilisation.

Es ist nicht genau bekannt, wann zum ersten Mal Menschen dieses Land betraten; aber man ist allgemein der Ansicht, daß die ersten Bewohner nicht aus der Neuen Welt stammten, sondern daß während der Eiszeit aus Zentralasien kleinere Gruppen neolithischer Jäger über eine eisfreie Landbrücke einwanderten, die Asien mit Nordamerika bei der heutigen Bering-Straße verband. Diese Einwanderung erfolgte in mehreren Wellen und erstreckte sich über eine längere Zeit. Einige dieser Einwanderer fanden im Verlauf des Eisrückgangs den Weg zur Küste. Vor ungefähr 8000 Jahren erreichten sie die Queen-Charlotte-Inseln.

Aufgrund seiner Beschaffenheit und seines natürlichen Reichtums war dieses Gebiet geradezu ideal geeignet für Gemeinschaften von Jägern und Sammlern, wie es die Einwanderer waren. Es gab Pflanzen und Tiere im Überfluß, und das Land bot einen rei-

Unten: Der Berg Stek-ya-den beherrscht die Landschaft bei Hazelton. Der Sage nach mußten die Bewohner der legendären Stadt Temlaxan hier mit ihren Toten zusammentreffen als Vergeltung für ihr blindes und grausames Gemetzel an den Bergziegen.

Oben rechts: Stilisierte „Reptilien" winden sich um einen Spinnwirtel aus Speckstein vom Fraser-River. Die Arbeit entstand etwa um 800 n. Chr. Steinarbeiten aus diesem Gebiet nehmen häufig Stilelemente aus späterer Zeit vorweg.

Unten rechts: Doppeldeutige Bildwerke waren eine bevorzugte Technik der Künstler der Nordwestküste. Dieses archäologische Steinfigürchen einer Person mit Kind enthüllt seinen erotischen Charakter, wenn man es von vorne anblickt. Aber die Bedeutung dieser uralten Bildhauerei wird wohl nie ganz aufgeklärt werden können.

chen Vorrat an Material für Kleidung und Unterkunft. Allerdings war es schwierig, diese natürlichen Schätze auszubeuten, denn die Wälder waren fast undurchdringlich und die reißenden Ströme in senkrecht abfallende Schluchten tief eingeschnitten. Sogar wenn ein Uferstreifen für eine große Dauersiedlung geeignet war, schien die Holzgewinnung für ihren Bau ohne hochentwickelte technische Kenntnisse unmöglich.

Man könnte daher auf den Gedanken kommen, daß diese im Urzustand verbliebenen Kulturen mitten in einer Welt des Reichtums gelebt hätten, ohne diesen zu ihrem eigenen Vorteil nutzen zu können. Tatsächlich aber entwickelte sich eine dem Meer zugewandte Kultur mit navigatorischen und nautischen Kenntnissen, die – zumindest in den Heimatgewässern – denen der europäischen Entdecker überlegen war. Die Menschen bauten massive Häuser aus Pfosten und Brettern, hatten eine hochentwikkelte soziale Struktur, eigene Kunst und Rituale, die auch Drama und Theater enthielten, und sie fertigten in Form von Totempfählen die größten uns bekannten Holzschnitzereien an.

Diese Veränderung im Wirtschaftsleben der Küstenstämme begann vor ungefähr 4000 Jahren, als die Steinwerkzeuge, die zum Jagen und Fischen auf See ungeeignet waren, durch knöcherne Harpunenspitzen ersetzt wurden. Kleine, mehr oder weniger dauerhafte Siedlungen entstanden an geschützten Flußufern und in kleineren Buchten entlang der Küste. Von dort wurden seetüchtige Boote, die den Gefahren des Meeres in dieser Gegend widerstehen konnten, ausgesandt, um Seesäugetiere zu jagen. Da der Bau solcher Boote ein ziemliches handwerkliches Geschick in der Holzbearbeitung verlangte, kann man annehmen, daß die Holztechnologie um diese Zeit einen Aufschwung erlebte.

Wo Platz genug war, standen die Häuser in langer Reihe am Meeresstrand, aber die zerklüftete Küste sorgte dafür, daß die Dörfer ziemlich klein blieben. Wenn sich daher Sprachgruppen ausdehnten, so verstreuten sie sich in kleineren Unterstämmen über ein weites Gebiet, wobei die größten Ansammlungen im wohnlicheren Süden entstanden.

Trotz dieser Siedlungsschwierigkeiten hatte die Nordwestküste mit 60000–70000 Einwohnern die höchste Bevölkerungsdichte in vorgeschichtlicher Zeit; die Zahl macht ungefähr ein Viertel der Eingeborenen Nordamerikas nördlich der Grenze zu den heutigen USA aus. Einige Gebiete, wie die Queen-Charlotte- und die Vancouver-Insel hatten damals sogar eine größere Bevölkerungsdichte als heute.

Als die Europäer im 18. Jahrhundert in dieses Gebiet eindrangen, trafen sie auf der alaskischen Halbinsel die Tlingit-Indianer an. Die Tlingit waren die nördlichste indianische Sprachgruppe; sie hatten ungefähr 50 einzelne Dörfer, die zu vierzehn unabhängigen Unterstämmen gehörten. Das Tlingit-Territorium reichte früher weiter nach Süden, aber von dort waren die Stämme durch die Ausbreitung ihrer südlichen Nachbarn, den Tsimshian, vertrieben worden. Diese siedelten nun mit ihren neun Stämmen auf ehemaligem Tlingit-Land in der Gegend um das heutige Prince Rupert. Weitere fünf Tsimshian-Stämme lebten an der Küste bis Milbanke-Sound im Süden und unterhielten enge Kontakte mit ihren Verwandten im Prince-Rupert-Gebiet, die den gleichen Dialekt sprachen. Zwei weitere Tsimshian-Dialektgruppen, die Niska am Nass-River und die Gitskan am Skeena-River, dehnten ihre Siedlungen landeinwärts aus, wo sie die Handelswege entlang der Flüsse ins Innere kontrollieren konnten.

Als Nachbarn der Tlingit und Tsimshian wohnten auf den Queen-Charlotte-Inseln die Haida, die bekannt waren für ihre weiten, gefährlichen Seereisen und die von den anderen Indianern der Küste wegen ihrer mutigen Kriegszüge gefürchtet wurden. Obwohl die Haida von der Sprache her mit den Tlingit verwandt waren, blieben sie eine abgesonderte Gruppe mit zahlreichen nur locker verbundenen Siedlungen, die häufig kaum mehr als eine große Familie beherbergten. Einige Haida siedelten während des 18. Jahrhunderts von ihrem Hauptgebiet zu den Prince-of-Wales-Inseln in Alaska um, wo sie nunmehr als die Kaigani-Haida bezeichnet werden.

Auf dem Festland gehörten die südlichen Nachbarn der Tsimshian zur Kwakiutl-Sprachgruppe, die den Heiltsuk- oder Bella-Bella-Dialekt sprachen. Einige Kwakiutl wohnten etwas nördlicher landeinwärts von den Tsimshian. An der Küste zwischen der Rivers- und der Knight-Bucht und an der Nordküste der Insel Vancouver wurde ein südlicher Dialekt gesprochen. Insgesamt sprachen, wie berichtet wird, etwa fünfundzwanzig unabhängige Stämme, die in verschiedenen Siedlungen lebten und die kulturell keinen festen Zusammenschluß hatten, die Kwakiutl-Sprache.

Außer den Kwakiutl lebten salish- und nootka-sprechende Stämme auf der Insel Vancouver. Die Küsten-Salish wohnten an der Straße von Georgia und auf dem gegenüberliegenden Festland um den Puget-Sund. Diese und andere Gruppen im Westen des Staates Washington standen in Kontakt mit den Bewohnern des Landesinneren, die eine verwandte Sprache sprachen. Ihre soziale Struktur gründete sich auf verteilte Familiengruppen, und infolgedessen gab es viele sehr kleine Dorfgemeinschaften, die über ein großes Gebiet verstreut waren. Die Bella-Coola, ein Unterstamm der Küsten-Salish, wohnten weiter nördlich auf dem Festland in einer isolierten Enklave im Kwakiutl-Gebiet, und sie nahmen eine Kultur an, die fast identisch mit der ihrer Nachbarn war.

Ungefähr zwanzig Nootka-Stämme wohnten an der Pazifikküste der Insel-Vancouver; dabei lebten kleine lokale Gruppen in den zentralen und südlichen Teilen, während sie im Norden in einem strafferen Stammesverband vereinigt waren. Ein Nootka-Dialekt wurde auch von den Makah auf der anderen Seite der Straße von Juan-de-Fuca um Cap-Flattery gesprochen. Sprachlich waren diese Gruppen mit den Kwakiutl verbunden, aber es gab keine engere Beziehung zwischen ihnen, und sie hielten sich nicht für Verwandte.

Diese Küstenindianer waren nicht nur in eine Anzahl Sprach- und Dialektgruppen aufgesplittert, sie unterschieden sich auch in ihrem Aussehen. Die Tlingit, Tsimshian und Haida im Norden waren viel größer als die Kwakiutl und Nootka. Die Salish ähnelten in der Statur den Kwakiutl, aber ihre Hautfarbe war wesentlich dunkler als die aller anderen Indianer der Nordwestküste. Obwohl ihre frühe Geschichte kaum belegt ist, wissen wir, daß sie alle mongolischen Ursprungs sind. Tatsächlich ähneln die Tlingit, Haida und inneren Athabasken den Palaeo-sibirischen Stämmen der Chukchee, Koryak und Yukaghir so sehr, daß sie häufig einer gemeinsamen Rasse zugeordnet werden.

Bezeichnend für die Kunst dieser prähistorischen Sibirier und auch der Stämme der Nordwestküste ist die Darstellung in Splitterform. Es ist eine Kunstrichtung, die in ihrer typischen Form ein Objekt in seine Bestandteile zerlegt, die dann nach festen Gesetzmäßigkeiten wieder zusammengefügt werden. Außerdem findet man diese Art der

Rechts: Die Kunstwerke der Nordwestküste waren nicht nur hochstilisiert, sondern auch sehr praktisch. Da sie als Handelsartikel gedacht waren, wurden Kästen aus gebogenem Holz häufig mit Zeichen bemalt, die verschiedene Wappentiere darstellen könnten. Die Seiten dieses Kastens, der möglicherweise von den Haida stammt, wurden durch Ausköhlen, Dämpfen und Verbiegen eines einzigen Rotzedernbrettes gemacht.

Unten: Die Hörner und gespreizten Hufe einer Bergziege sind auf diesem Fichtenwurzelhut der Haida, der das Stammessymbol seines Eigentümers trägt, deutlich zu erkennen. Die Bergziege war kein einheimisches Tier der Queen-Charlotte-Inseln, und das Wappen wurde womöglich durch den Handel mit den Tsimshian angenommen.

Oben ganz rechts: Die Vertiefungen auf diesem Steinstößel der Bella-Coola bilden einen unerläßlichen Bestandteil der ganzen Form; sie dienten aber eigentlich als Stütze für die Daumen, um einen festen Griff des Werkzeugs beim Zerstampfen zu gewährleisten.

Darunter: Perlmutt aus Kalifornien war eine bedeutende Handelsware, da die einheimische Sorte sehr dünn und matt war. Es wurde im großen Stil für Einlegearbeiten verwendet. Die Kwakiutl stellten Schmuckplatten aus den Muscheln her, die wegen ihres Wertes im 18. Jahrhundert als „20-Dollar-Stücke" bezeichnet wurden. Die Bohrung in diesem Exemplar läßt vermuten, daß es als Schmuckstück getragen wurde.

Darstellung, wie der französische Anthropologe Lévi-Strauss nachgewiesen hat, auch bei den Caduvea, den Resten der einstmals blühenden Nation der Guaicuru in Brasilien, den Maori auf Neuseeland und den archaischen Chinesen. Franz Boas beschreibt in seinem Buch „Primitive Kunst" diese für die Nordwestküste bezeichnende Bildform als „zwei Profilansichten, die an Mund und Nase zusammengefügt sind ... Entweder werden die Tiere zweigeteilt dargestellt, wobei sich die Profile in der Mitte vereinigen, oder eine Frontalansicht des Kopfes wird verbunden mit zwei Körperprofilen dargestellt."

Die kulturellen Traditionen der Nordwestküste zeigen bis zur Ankunft der Europäer eine fast ununterbrochene Abfolge. Die wenigen Änderungen in der Kultur beruhen auf begrenzten Anleihen von anderen Völkern. Die Tlingit und Tsimshian trugen z. B. infolge ihrer Handelsverbindungen mit den Athabaskan im Landesinneren Kleidung aus Tierhäuten (in der Regel aber solche aus gegerbter Zedernrinde) und als Schmuck Stachelschwein-Borsten. Im mittleren Bereich der Küste verhinderten unpassierbare Gebirge fast jeden Kontakt mit der Außenwelt, aber weiter südlich, wo die Lebensbedingungen und kulturellen Gegebenheiten der Stämme einander ähnelten, bestand ein ausgedehntes Handelsnetz.

Die Chinook fungierten als Mittler zwischen der südlichen Nordwestküste und anderen Stämmen um The Dalles – einem großen Handelszentrum für viele Stämme am Columbia-River – wo Häute, getrockneter Lachs, Fischöl und ähnliche andere Ware gegen Artikel, wie kalifornische Abalon-Muscheln, getauscht wurden. Diese wurden dann von südlichen Stämmen entlang der Küste weiter vertrieben.

Die Reisen einiger nördlicher Tlingit verdeutlichen das Ausmaß dieses Handels. Sie fuhren im Kanu über Entfernungen bis zu 1600 km, um von den im Puget-Sund ansässigen Stämmen Waren zu erhalten. Sowohl die Haida wie die Tsimshian stellten – ausschließlich für Handelszwecke – Zedernholz-Kästchen her, die im oben beschriebenen

Stil der aufgespaltenen Doppeldarstellung mit Tierköpfen geschmückt waren, die aber keine spezielle Tierart darstellten. Auf diese Weise konnten sie auch von anderen Gruppen benutzt werden und wurden nicht mit den Symbolen einzelner Familien identifiziert.

Handelswaren wurden auch aus anderen Gebieten eingeführt, und viele Artikel können bis nach China zurückverfolgt werden, einschließlich hölzerner Lanzen, bestimmter Formen gewobener Hüte und Grabsteine sowie einiger Arten scharf geschliffener Keulen. Freilich muß man einige Gegenstände jüngerem kulturellem Austausch zuschreiben oder auf den Einfluß früher russischer Händler zurückführen, die im Tlingit-Territorium Handel trieben und chinesische Waren vor Ankunft der europäischen Entdecker einführten. Manche Lederwaren der nördlichen Stämme wurden mit uralten chinesischen Münzen geschmückt; eine ebenso gern gesehene Handelsware waren große, blaue Perlen aus Rußland. Die Russen blieben bis zum Verkauf Alaskas an die Vereinigten Staaten im Jahre 1867.

Die Europäer wurden zum ersten Mal auf dieses Gebiet aufmerksam, als sie die Nordwestpassage suchten, die erhoffte Verbindung zwischen Atlantischem und Pazifischem Ozean. Berichte über Schiffe, die diese Gebiete befahren haben sollten, von erfundenen Briefen und Logbüchern, die diese Reise dokumentierten, stachelten die Phantasie von Wissenschaftlern, Politikern und Geschäftsleuten an. Viele von ihnen setzten ihr Ansehen und manchmal ihr Vermögen aufs Spiel, um den Beweis für diese kurze Route nach China zu erbringen. Aber erst im Jahre 1774 nahmen die Europäer Kontakte mit den Indianern auf, als der Spanier Juan Perez von Mexico aus zu den Queen-Charlotte-Inseln segelte (wo er allerdings eine Landung nicht wagte). Nahe der Insel Vancouver trieb Perez Handel mit den neugierigen Nootkas, die an seinen Schiffen anlegten; im folgenden Jahr besuchten zwei weitere spanische Schiffe die Küste; drei Jahre später schließlich erreichten die englischen Schiffe „Resolution" und „Discovery" unter dem Kommando von Kapitän James Cook die Küste.

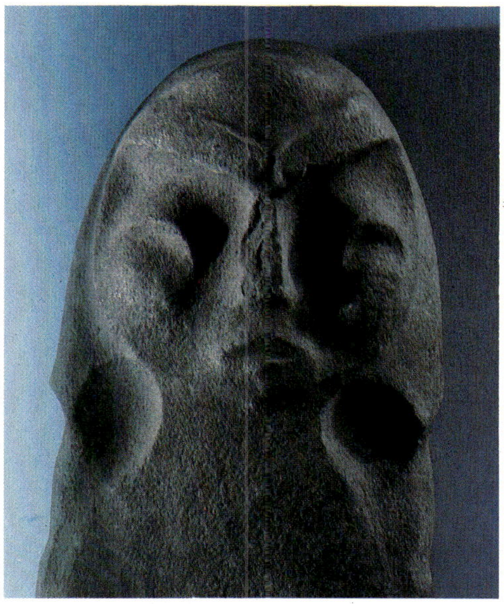

Er ließ seine Schiffe im Nootka-Sund bei der Insel Vancouver fast drei Monate zur Ausbesserung ankern. Während dieser Zeit führte er ein Tagebuch über seine Erkundungen und über die Beziehungen zu den Nootka-Indianern, denen er begegnete. Sein Bericht über die Küstenbewohner charakterisiert deren natürliche Einstellung sehr genau und ist zusammen mit den Notizen einiger seiner Offiziere eine unschätzbare Informationsquelle über die Kultur dieser Ureinwohner.

Bei ihrer Ankunft stießen sie auf Kanus, deren Mannschaft dem Bericht des 2. Leutnants King zufolge:

> „... etwas taten, was offenbar ein notwendiges Ritual zu sein schien. Sie paddelten mit großer Schnelligkeit in einem Kreis um beide Schiffe, ihre Paddel tauchten im Gleichtakt ein, einer stand in der Mitte des Bootes mit einem Speer oder einer Rassel in der Hand, mit einer Maske, auf der manchmal das Bild eines menschlichen Gesichts war, auf anderen das von Tieren, und der mit lauter Stimme immer wieder etwas Unverständliches wiederholte. Manchmal stimmten sie alle ein gemeinsames Lied an, das häufig dem Ohr sehr wohl tat. Danach kamen sie meist längseits und begannen ohne weiteres mit dem Handel." (Kings *Tagebuch*, 1. April 1778)

Es muß hinzugefügt werden, daß Cook von seinem Empfang so beglückt war, daß auf seine Anordnung die Mannschaft des Schiffes den Indianern mit Trommeln und Pfeifen und schließlich mit Hörnern aufspielte. King bemerkte dazu: „Sie waren die einzigen Leute, die jemals diesem oder einem anderen unserer Musikinstrumente die kleinste Aufmerksamkeit zollten."

Die Eigenarten des an der Nordwestküste üblichen Handels waren maßgebend für Cooks Handelsbeziehungen während seines ganzen Aufenthaltes. Cook bemerkte dazu, daß die Indianer den Handel auf Dinge ausdehnten, die von den Eingeborenen anderer Teile der Welt, die er gesehen hatte, nicht als Handelsgut betrachtet wurden.

Die Nootka-Indianer hatten einen ausgeprägten Sinn für Eigentum und Stammesgrenzen. Einmal, als Cook Gras für seine Tiere mähen lassen wollte, sah er sich plötzlich fast dem gesamten Stamm gegenüber, der dafür eine Bezahlung verlangte. Es wurde ihm klar, daß er in Europa nicht so anmaßend gewesen wäre und deshalb willigte er ein, für dieses Recht zu bezahlen. Als die Matrosen später einmal Holz fällten, ignorierte seine Mannschaft die Bezahlungsforderungen der Indianer. Obwohl die Indianer die Arbeit nicht aufhielten, erinnerten sie Cook nachdrücklich daran, daß sie den Matrosen nur aus Freundschaft erlaubt hätten, mit dem Holzfällen fortzufahren.

Rechts: Obwohl die geschnitzte Holzschale angeblich einen Seehund zeigt, machen Schwanz und Pfoten die Darstellung eines Seeotters wahrscheinlicher. Hieran sieht man ein interessantes Kunstkonzept, das die Tiergestalt bevorzugt. Das vollständige Kunstwerk stellt ein Tier dar, das zufällig auch eine Schale ist, nicht aber eine Schale, der Tierelemente angefügt wurden. Die Augenform, die das Schultergelenk betont, ist ein typisches Stilelement der ganzen Nordwestküste, die Schnitzerei selber aber ist reiner Kwakiutlstil.

Rechte Seite: Durch Handel wurden Kunstgegenstände über den ganzen Küstenstrich verbreitet. Diese Maske eines menschlichen Gesichts wurde im Jahre 1869 bei den Haida gefunden und später den Tsimshian zugeschrieben. Wahrscheinlich aber ist sie ein Kunstwerk der Nootka. Die Strenge des Ausdrucks beruht auf der kräftigen, einfachen und geometrischen Farbgebung sowie auf den geraden Gesichtskonturen, die im Profil eine Linie über Stirn und Nase bilden und dann abrupt zu einem kleinen Mund und Kinn zurückweichen – alles Charakteristika der Nootka-Schnitzereien.

Cook fand heraus, daß die Eingeborenen innerhalb der Gruppen ein gut organisiertes System der Preisabsprache hatten, bevor sie ein Zugeständnis machten, und daß die Preise ihrer Waren stiegen, wenn der Käufer geneigt schien, mehr dafür zu bezahlen. Man konnte ihnen bis auf ihren unwiderstehlichen Drang nach Metall vollkommen vertrauen. Dies erforderte Bewachung der Boote, damit dort nicht alle Metallteile geraubt wurden. Doch „einer konnte die Wache am einen Ende des Schiffes unterhalten, während ein zweiter am anderen Ende das Schiff auseinandernahm."

Immerhin war Cook von der freundlichen Haltung und Ehrlichkeit der Eingeborenen so beeindruckt, daß er bei seiner Abfahrt einem Indianer, den er gut kannte, ein Geschenk als Zeichen seiner Wertschätzung überreichte. Als Gegengabe erhielt er einen wertvollen Biberpelz, worauf er ein weiteres Geschenk von entsprechendem Wert machte. Der Indianer aber zog seinen Biberumhang aus, den er, wie Cook wußte, sehr schätzte und bestand darauf, daß der Kapitän ihn annahm. Tief bewegt von dieser Großzügigkeit bot ihm Cook seinen persönlichen Säbel mit Kupfergriff zum Geschenk; daraufhin wurde Cook dringend ersucht, zurückzukehren, um noch mehr Pelze zu erhalten.

Cooks Reise war, mehr als irgendeine andere, für den Einstrom der Europäer verantwortlich, der das ungeheure Durcheinander in den Indianerkulturen verursachte. Er schrieb in seinem Tagebuch:

„Eine Menge Kanus voll mit Eingeborenen lag tagtäglich um die Schiffe, und es begann ein Handel zwischen uns und ihnen, der auf beiden Seiten mit äußerster Ehrlichkeit durchgeführt wurde. Ihre Handelsartikel waren Häute verschiedener Tiere: Bären, Wölfe, Füchse, Rehe, Waschbären, Iltisse, Marder und im besonderen Seebiber (Seeotter)... Diese Waren tauschten sie gegen Messer, Meißel, Teile aus Eisen und Zinn, Nägel, Knöpfe oder irgendwelches Metall. Perlen gefielen ihnen nicht, und Stoffe aller Art wiesen sie zurück." (Cooks *Tagebuch*, 30. März 1778)

Fähnrich Edward Riou bestätigte Cooks Aufzeichnungen über den Handel der Nootka:

„Die Eingeborenen besuchen uns immer wieder und bringen offenbar alles mit, was sie besitzen; aber nichts wird von uns so gerne angenommen wie Tierhäute, im besonderen die des Seebibers oder Otters, dessen Fell sehr weich und geschmeidig ist." (Rious *Tagebuch*, 1. April 1778)

Beide Berichte betonen besonders den Seeotter, und als die Schiffe bei ihrer Rückreise nach England in Kanton in China Station machten, erzielten sie für diese Pelze phantastische Preise. Die Neuigkeiten verbreiteten sich 1785 in Europa, obwohl Cook dafür nicht die Verantwortung trug, da er vorher in Hawaii seinen Tod fand. Sofort begann der Pelzhandel zwischen der Nordwestküste und China, der während der nächsten fünfundzwanzig Jahre Dutzende von Schiffen aus allen Nationen dorthin führte. Beispielhaft für die Bedeutung dieses Handels ist der britische Kapitän Dixon, der im Jahre 1788 einen Monat an der Küste mit dem Aufkauf von Fellen zubrachte, die er in China für 90 000 Pfund verkaufen konnte.

Soweit es die indianische Kultur selbst betraf, so bewirkten die europäischen Handelsschiffe einen ungeheuren Anstieg der Handelsbeziehungen der Eingeborenen untereinander. Stämme, die mit den Weißen in Kontakt traten, kauften Felle von weiter entfernt liegenden Gruppen auf, um ihre eigenen Bestände aufzufüllen. Die Kapitäne waren nur daran interessiert, gerade so lange zu bleiben, um ihre Ladung aufzunehmen, und dann wieder so schnell wie möglich auf der Suche nach hohen Gewinnen Segel zu setzen. Sie hatten nicht die Absicht, die „Heiden" zu bekehren oder überhaupt Einfluß auf sie zu nehmen; deshalb ergaben sich während dieses frühen Handels auch keine drastischen Änderungen im Leben der Indianer.

Der Seeotter wurde zum Ende des zweiten Jahrzehnts des 19. Jahrhunderts in einem Maße gejagt, daß der Handel mit diesen Pelzen nicht länger möglich war. Trotzdem war das Gebiet nun der Ausbeutung preisgegeben; und genügend Interesse an anderen Pelzen war der Grund dafür, daß in den Jahren 1800–1850 die Nordwest- und Hudson-Bay-Kompanien die Gelegenheit wahrnahmen, um eine Reihe von Handelsstationen einzurichten.

Einrichtungen und Bräuche der Eingeborenen, die Reichtum voraussetzten, konnten sich nun mit den vorhandenen Handelsgütern bis zu einem vorher unvorstellbaren Ausmaß entwickeln. Ein wichtiger Aspekt des Indianerlebens war das Zeremoniell „Potlatch". Bei diesem Fest konnte ein Bewerber in eine privilegierte Stellung in der Gesellschaft aufsteigen, wenn er genügend Reichtum nachwies, um diese Position auszufüllen. Nach traditionellen Verfahren war es eine langsame und mühevolle Aufgabe, materielle Güter herzustellen, wodurch auch die Verfügbarkeit dieser Artikel in der Gemeinschaft begrenzt wurde. Eine ganz andere Möglichkeit aber war, solche Güter in einem Laden zu kaufen; dazu mußte man nur genügend Felle besitzen. Die Indianer hatten schon genug Erfahrung, um diese Gelegenheit zu ihrem Vorteil zu nutzen. Infolgedessen wuchs der persönliche Reichtum einzelner und ganzer Familien rasch an, und Potlatch-Feste wurden größer und immer häufiger.

Viele traditionelle Tätigkeiten der Indianer bestanden auch nach dem Zusammentreffen mit den Europäern grundsätzlich zwar unverändert fort, aber alle diese Arbeiten wurden jetzt im Umfang enorm gesteigert. Der Erwerb des Lebensunterhaltes beruhte nach wie vor auf natürlichen Jagdmethoden, hatte aber jetzt plötzlich zusätzlich den starken Antrieb, für Handelszwecke und zeremonielle Feste großen Überfluß anzusammeln. Die zunehmende Bedeutung der Feste erforderte größere Mengen zeremoniellen Zubehörs wie Holzschnitzereien, Trachten, Masken, Decken usw.; die Künstler waren also mehr beschäftigt und stellten unter Verwendung von Eisenmeißeln, die sie im Austausch gegen ihre Felle erworben hatten, immer mehr her.

Linke Seite: Diese Bella-Coola-Maske, die vielleicht einen Vorfahren darstellt, zeigt die Vorliebe der Bella-Coola für die Bemalung gerundeter Flächen einer Schnitzerei. Die hellen Flächen sind die Negative eines von positiven „U"-Formen gezeichneten Musters, das auf eine Gesichtsbemalung schließen läßt.

Oben: In den Jahren um 1870–80 gab es einen großen Zuzug von Chinesen im nördlichen Küstengebiet, besonders um das Tlingitdorf Sitka. Damals stellten europäische Lachskonservenfabriken chinesische Arbeitskräfte ein, um die indianischen Saisonarbeiter zu ersetzen. Dies schuf beträchtliche Spannungen, und die Tlingit erlaubten den Chinesen nur unter der Bedingung, ins Land zu kommen, daß sie sich verpflichteten, nach der Einarbeitung nach China zurückzukehren. – In dieser Schnitzerei hielt ein Tlingit-Künstler Aussehen und Kleidung eines dieser eingewanderten Arbeiter eindringlich fest.

Natürlich förderten die Händler dieses Wachstum, da es ihren eigenen Interessen diente. Die Stämme zogen zunehmend in die Gebiete um die Handelsniederlassungen, um die damit verbundenen Vorteile zu nutzen. Folglich fanden sich traditionelle Feinde auf eng benachbartem Gelände. Dies brachte ein Konkurrenzelement in die Potlatch-Feste, die immer kostspieliger und aufwendiger wurden und ihre äußere Form so gründlich änderten, daß sie der traditionellen Zeremonie kaum mehr ähnelten.

Viel Reichtum wurde zwar noch immer durch die alten Handelsmethoden erlangt, aber es gab auch andere Möglichkeiten, das Geld für Potlatch-Waren zu verdienen, indem die Indianer Dienste anboten, für die die Weißen nur zu gerne große Summen ausgaben. Die Prostitution der Indianerfrau in Holzfäller-Lagern, Zentren weißer Bevölkerung und bei den Mannschaften der Handelsschiffe wurde ein wichtiger und ehrenhafter Weg, Geld für die Suche nach sozialem Status zu verdienen. Diese Art von „Handel" entsprang nur dem Verlangen der Weißen und hatte mit dem Brauchtum der Eingeborenen nichts zu tun. Unter den Indianern selbst war Keuschheit eine hoch geschätzte Tugend, und Prostitution war praktisch unbekannt. Tatsächlich wurde eine Frau, die ihre Reize zur Schau stellte, für überdreht gehalten.

Eine Auswirkung der Prostitution waren Geschlechtskrankheiten, die die Fruchtbarkeit der Indianerfrauen verminderten. Weil Mütter, Frauen und Töchter manchmal eine ganze Zeit bei den Holzfäller-Lagern blieben, wurden ganze Familien angesteckt. Dadurch wiederum wurden die Indianer anfällig für andere europäische Krankheiten, gegen die sie keine Widerstandskraft hatten. Pocken, Masern, Grippe und außerdem die Wirkung von verfälschtem Whisky, der als Handelsware benutzt wurde, reduzierten vor Ende des 19. Jahrhunderts die Indianer auf nahezu $^2/_3$ ihrer ursprünglichen Bevölkerung. Die Haida nahmen in weniger als 100 Jahren von etwa 8000 auf kaum 500 ab; während nur einer Pockenepidemie, die im Jahre 1862 in Victoria begann, starb fast ein Drittel der gesamten Bevölkerung trotz der Versuche von Gouverneur Douglas, die Stadt unter Quarantäne zu stellen.

Als die Missionare anfingen, nach Bekehrten zu suchen, stießen sie auf Stämme, die sich bereits im Stadium des Verfalls befanden; ihre Kopfzahl war dezimiert und ihre Kultur zerrüttet. In einigen Gebieten hatte eine ganze Generation die traditionellen Fertigkeiten verloren, und die Menschen waren total von Handelsgütern abhängig geworden. Obwohl die Priester bereits im Jahre 1849, als die Insel Vancouver unter dem Schutz der britischen Herrschaft kolonisiert und Victoria ein Zentrum ihrer Aktivitäten wurde, sich sehr um das moralische Wohl der eingeborenen Bevölkerung bemühten, erreichten sie viele Stämme erst im späten 19. Jahrhundert. Bis dahin waren die meisten bereits von Indianer-Predigern aufgesucht worden, die während ihrer Reisen einige Lehren des Christentums aufgefangen hatten. Diese Tatsache und der dadurch an ihren Gemeinschaften angerichtete Schaden machte die Indianer eher geneigt, weiße Prediger aufzunehmen, als es anderwärts hätte geschehen können. Trotzdem waren viele der ersten Missionierungsversuche Fehlschläge, da die Indianer wenig Grund hatten, eine nach den Maßstäben der örtlichen Traditionen und nach den Naturgegebenheiten minderwertige Religion anzunehmen. Außerdem wurde diese Religion offensichtlich von den Weißen selbst nicht praktiziert; – die frühen Missionare reisten auf Handelsschiffen, deren Mannschaften kaum Vorbilder der christlichen Tugenden waren. Der Bau von Kirchen wurde weiterhin durch die Rivalität zwischen den verschiedenen christlichen Konfessionen und Gruppen verhindert, weil die Priester untereinander uneins waren, wem das Recht zukomme, den „Wilden" das christliche Heil zu bringen.

Mit Ausnahme von ein paar Gruppen, die christliche Modellsiedlungen mit einem Priester an der Spitze gründeten, war doch eine unterschwellige Opposition ziemlich weit verbreitet. Obwohl dieser Widerstand sich nicht so sehr gegen die christlichen Ideale richtete, wandte er sich gegen die Tatsache, daß eine Übernahme des Christentums die Aufgabe eigenen Brauchtums bedeutete. Es muß dabei daran erinnert werden, daß der Missionar jener Zeit, dem sich ein Indianer gegenüber sah, ein besonders typisches Beispiel mittelständischer viktorianisch-prüder Tugenden war; er verdammte aus dieser Grundhaltung gewöhnlich alles Brauchtum, das nicht in sein Weltbild paßte. Er wurde von der Halbnacktheit der „Heiden" abgestoßen und verlangte, daß sie europäische Kleidung trugen. Er war entsetzt über die aus seiner Sicht vollständig fehlende Moral, obwohl die Stämme wenig sexuelle Freiheiten erlaubten und in vielen Fällen, wie z.B. während der Pubertät eines Mädchens, außerordentlich sittenstreng waren.

Das Überhandnehmen der Prostitution bestätigte einen solchen Missionar in seinen Ansichten, und er ließ seinen Unwillen an den Eingeborenen aus. Dabei unternahm er nicht den Versuch, die Gründe zu verstehen oder die Weißen zu kritisieren, die diese

Ganz oben: Eine Steinpfeife der Tlingit. Sie stellt einen Wal dar, der einen Seehund verschlingt. Sie wurde in kreisförmiger Anordnung gefertigt, um den Eindruck von Bewegung zu vermitteln. Der Kopf des Wals enthält die Pfeifenöffnung, das Mundstück findet sich zwischen dem Kopf des Seehundes und dem Schwanz des Wals. Tabak, den man schon vor den Kontakten mit den Europäern anbaute, wurde eher gekaut als geraucht.

Oben: Der charakteristische Gesichtsschnitt, der Ausdruck und die Sommersprossen eines Europäers beweisen, daß die Haida realistische Porträts anfertigen konnten.

Oben: Die wahre Bedeutung der zahlreichen Steininschriften ist oft unklar. Sie könnten Grenzmarkierungen gewesen sein, Berichte über bedeutende Ereignisse oder magische Symbole. Diese hier befinden sich am Ausfluß des Sproat-Lake nahe bei Port Alberni im Nootka-Gebiet.

besondere Prostitution hervorbrachten und die ihre Fortführung förderten. Die Missionare wollten alle Veranstaltungen verhindern, die sie irrtümlicherweise für Gelegenheiten ausschweifender Sexualität hielten, nämlich die großen Treffen zu zeremoniellen Tänzen. Gelegentlich wurden sogar Gesetze erlassen, die viele Traditionen verboten, die aber trotzdem insgeheim in abgeänderter Form praktiziert wurden.

Diese Gesetze waren Bestandteil des Indianer-Erlasses aus den 1880er Jahren, einem Dokument, das die rasche Abnahme der indianischen Bevölkerung vorsah und nach einer Lösung des sogenannten „Indianerproblems" suchte. Das „Problem" war natürlich, daß die Eingeborenen für kulturell und moralisch minderwertig gehalten wurden. Darum mußten sie einer weißen Regierung unterstellt werden, die in ihrer Politik darauf aus war, indianische Interessen solange wahrzunehmen, bis die Eingeborenen nicht mehr als kulturell unterscheidbare Einheit bestanden und entweder verschwunden oder unmerklich in der weißen Bevölkerung aufgegangen waren. Die Indianer durften, darauf lief der Erlaß hinaus, nicht mehr unbeaufsichtigt ihr eigenes Leben führen.

Bevor man dies Endziel verwirklichen konnte, mußten die Betroffenen in bestimmten Gebieten eingesperrt werden, wo man ihren „Fortschritt" und ihr „Wohlergehen" überwachen konnte. Dazu wurden die Dörfer einzelner Stämme als Reservate eingerichtet, meist sogar ohne vertragliche Übereinkunft. Nur vierzehn Verträge wurden überhaupt geschlossen und zwar mit ein paar Stämmen auf der Insel Vancouver. Dies war dem Wohlwollen von Gouverneur Douglas zuzuschreiben, da das Land bei seiner Inbesitznahme Eigentum der Krone geworden war und für ihn keine rechtliche Verpflichtung bestand, es aufzukaufen. Woanders wurden Besitzansprüche der Eingeborenen einfach abgelehnt oder mißachtet; die Zentralregierung erlaubte zudem die freie Landnahme außerhalb der als Reservate gekennzeichneten Gebiete. Da die Indianer sowieso meist Fischer waren, kam von ihrer Seite wenig Widerspruch gegen diese Anmaßungen.

Widerstand erhob sich nur gegen die Indianer-Agenten, die als örtliche Regierungsvertreter den Auftrag hatten, die Gelder zu verwalten und die Regierungspolitik wirkungsvoll durchzusetzen. Einige waren einsichtsvolle Leute mit aufrichtiger Sympathie für die Eingeborenen. Aber viele waren völlig ungebildet und nur darauf aus, ihre eigenen Taschen mit Regierungsgeldern zu füllen. Unglücklicherweise hatten gerade die Argumente der schlechten Agenten das meiste Gewicht, und ihre Jahresberichte waren hauptverantwortlich für die Verschwendung ungeheurer Geldsummen, die in landwirtschaftliche Vorhaben gesteckt wurden. Dies in einem Land, wo die landwirtschaftliche Entwicklung auch heute noch stark eingeschränkt ist.

Die Erziehungspolitik sah vor, daß die Indianerkinder unter der Obhut der Kirche Missionsschulen besuchten. Diese Schulen verschafften sich ihre Zöglinge oft, indem sie sie gewaltsam aus ihren Familien rissen, und sie gründeten ihre Erziehung auf dem Grundsatz, daß Indianer minderwertig seien. Den Kindern wurde unter Androhung harter Prügelstrafen verboten, sogar untereinander ihre eigene Sprache zu sprechen. Nach ihrer Schulzeit war es für solche Schüler schwierig, sich wieder in der indianischen Gesellschaft zurechtzufinden, die eine traditionelle Erziehung und ein striktes Einhalten der Formen sozialer Etikette forderte. Da die Weißen sie nach wie vor für „Wilde“ hielten, wurden sie auch von denen zurückgestoßen, deren Ideale sie gezwungenermaßen annehmen mußten. Obwohl sie von ihren eigenen Leuten herzlich aufgenommen wurden, kamen sie in Konflikt mit sich selbst, was zu einer Identitätskrise führte. So konnte zu Beginn des 20. Jahrhunderts, als die Schulen durchweg etabliert waren, ein rascher Schwund indianischer Kultur beobachtet werden.

Ein weiteres Ziel des Indianererlasses bestand darin, die Bewegungsfreiheit der Einheimischen einzuschränken, indem die Indianer ihre Namen bei dem für das Reservat zuständigen Agenten registrieren lassen mußten. Offiziel hieß es, dies sei notwendig, um die Empfangsberechtigung für finanzielle Hilfe durch die Regierung, Steuererleichterung usw. herbeizuführen. Aber ein registrierter Indianer war nicht unbedingt ein gebürtiger Indianer; Kinder, die einen indianischen Vater hatten, erhielten automatisch den indianischen Status. Eine Indianerin, die einen Weißen heiratete, verlor ihren Status ebenso wie ihre minderjährigen Kinder. Die Kinder aus dieser Ehe wurden als Weiße eingestuft. Umgekehrt erlangten eine weiße Frau mit Kindern, wenn sie einen Indianer heiratete, dessen Status. So konnte die unsinnige Situation entstehen, daß ein reinrassiger Indianer als Weißer eingestuft wurde, wenn seine Mutter, solange er noch jung war, wieder geheiratet hatte. Dieses Prinzip bewirkte und bewirkt noch heute einen tiefen Unwillen unter der indianischen Bevölkerung.

Gegen Ende des 19. und zu Beginn des 20. Jahrhunderts erlebte die Nordwestküste eine völlige Umstrukturierung ihrer sozialen Verhältnisse. Traditionelle Werte wurden ausgehöhlt, jedoch nicht durch neue und gleichwertige ersetzt. Viele Eingeborene nahmen eine Anstellung bei weißen Holzfällerkonzernen an. Sie fanden hier ein Leistungssystem vor, das ihnen völlig unverständlich blieb, da es jemandem mehr Geld bot, nur wenn er für mehrere Monate von zu Hause wegblieb. Indianische Familien halten fest zusammen, und solange ein Familienmitglied Nahrung und Obdach bieten kann, gibt es für ein anderes keinen Grund, fernzubleiben. Fischen war mehr nach ihrem Geschmack, denn es war eine zeitlich begrenzte Arbeit und eine Fortsetzung der überlieferten Wirtschaftsform. Andererseits schaffte diese Einstellung das Problem, Autorität anzuerkennen. Das Leben des Indianers gründete sich auf Gemeinschaftsarbeit, und da er gewöhnlich von Fischerei mehr verstand als sein Vorgesetzter, sah er keinen Grund, sich selbst zu demütigen, indem er sich den Anweisungen eines solchen Mannes beugte.

Außerdem hatte er eine andere Auffassung von Geld und Gut. Die indianische Gesellschaft wertete materielle Güter nicht in dem Maße wie die weiße. Der einzige Grund für einen Indianer, Reichtum anzuhäufen, war der Status, den ihm der Besitz verlieh, wenn er ihn verteilte, konnte er einen höheren sozialen Rang erreichen. Sobald er diesen erreicht hatte, war der Arbeitsanreiz verflogen, und der Indianer zog es vor, seine Zeit bei der Familie oder bei sozialen und zeremoniellen Verpflichtungen zu verbringen, statt in langfristigen Arbeitsverhältnissen weiteren Reichtum anzusammeln.

AUFTEILUNG DER NORDWESTKÜSTE
NACH SPRACHGRUPPEN
Bering-Straße
Yakutat
Yakutat-Bai
Chilkat
Juneau
TLINGIT
Sitka
Stikine R.
Wrangell
KÜSTENGEBIRGE
TSIMSHIAN
Ketchikan
Nass R.
KAIGANI HAIDA
Hazelton
Skeena R.
Prince Rupert
Massett
Skidegate
HAIDA
N. KWAKIUTL
Skedans
BELLA-
COOLA
Milbanke Sd.
Bella-Coola
Ninstints
Bella-Bella
Rivers Inlet
S. KWAKIUTL
Knight Inlet
Fraser R.
Fort Rupert
Koskimo
Alert-Bai
Campbell River
Nootka-Sund
Comox
Alberni
Georgia-Straße
Vancouver
NOOTKA
Juan-De-Fuca-Straße
Victoria
Makah
Kap Flattery
Puget Sd.
KÜSTEN-SALISH
Alaska-Strom
Kuro-Schio
(Pazifischer Strom)
Kuro-Schio
(Pazifischer Strom)
California-Strom
Columbia R.
The Dalles

Die Lösung bestand darin, sich auf die Unabhängigkeit zu berufen und selbständig zu werden. Gerade dabei fanden die Indianer einen Verbündeten in der Konservenindustrie, die Boote vermietete oder Geld zu deren Ankauf verlieh und sich vertraglich zur Abnahme der Fangerträge der Fischer verpflichtete. Dies ließ den Indianern genügend Freiraum, ihre Fischfangflotten auf kooperativer Basis zu betreiben. Da die Zeit des Fischens und der Zeremonien zusammenfiel mit der Jahreszeit, in der diese Tätigkeiten schon von altersher ausgeübt wurden, war der Forderung nach saison-begrenzter Arbeit Genüge getan, und der Einhaltung der Zeremonien stand nichts im Wege. Außerdem war es den Familien auf diese Weise möglich, beisammenzubleiben.

Nach 1930 begann die Bevölkerung zu wachsen, und die Verwaltungsprobleme änderten sich plötzlich. Die Zahl der Eingeborenen wuchs schneller als die der Weißen; der Indianer gewann sein Selbstvertrauen zurück und behauptete sich wieder; er verlangte Unabhängigkeit. Darüber hinaus benutzte er sein Wissen über die Gesellschaft der Weißen, um sie mit ihren eigenen Gesetzen zu bekämpfen. Es entstand eine heikle Situation, in der sich weiße und indianische Gemeinden kaum nebeneinander duldeten und in der eine Atmosphäre tief verwurzelten Mißtrauens auf beiden Seiten aufkam.

Die Indianer empfanden wieder Stolz für ihre Rasse und waren bestrebt, die Trümmer ihrer Gemeinschaften wieder zusammenzufügen, obwohl sie auch erkannten, daß der traditionelle Lebensstil nie wieder voll erreicht werden konnte. Viele Schulen werden heute von den Indianern selbst geführt, wobei die eigene Sprache ein grundlegender Teil des Unterrichtsplans ist; junge Leute sind begierig, die traditionellen Tänze und die soziale Ordnung kennenzulernen, und sie erbitten Unterweisung von den wenigen älteren Stammesmitgliedern, die die Vergangenheit noch kennen. Die Großgruppen – denn Reservate umfassen nicht immer vollständige Stämme – sind lautstärker geworden in ihren Forderungen nach Anerkennung ihrer Rechte auf Fischgründe und Naturschätze. Sie bringen ihre Forderungen in Ratsversammlungen vor, zu denen oft sehr gelehrte und fähige Mitglieder gehören. Obwohl die Forderungen meist nur für eine Behandlung auf örtlicher Gruppenebene bestimmt sind, gibt es Organisationen wie die Union der Britisch-Kolumbianischen Häuptlinge, die Eingeborenen-Bruderschaft und die Britisch-Kolumbianischen Hausfrauen (eine fortschrittliche Frauengruppe), die als größere und deshalb mächtigere Körperschaften Anliegen von allgemeinem Belang durchsetzen.

Die Regierungsstellen haben echte Anstrengungen unternommen, um die Beziehungen zu den Indianern zu verbessern, und mehrere Gerichtshöfe haben in anstehenden Fällen das Eingeborenenrecht anerkannt. Unglücklicherweise übertönen die schrilleren Stimmen der Lobbyisten aus Wirtschaft und Industrie häufig die Forderungen und Proteste der indianischen Minderheit. Außerdem bedeutet das Fehlen von Verträgen, daß Landbesitz der Eingeborenen erst nachgewiesen werden muß, bevor Siedlungen geplant werden können. Aus indianischer Sicht wurde dieses Land niemals abgetreten, und die Weißen haben sich in Wirklichkeit auf indianischem Grundbesitz eingenistet. Trotzdem haben viele benachbarte Ortschaften von Eingeborenen und Weißen begonnen, auf gemeinschaftlicher Basis zusammenzuarbeiten, wobei sie die Annehmlichkeiten teilen und Probleme gemeinsam lösen. Viele andere sind aber auch heute noch getrennt.

So ist die Lage heute. Der Ausgang dieser Rivalität bleibt abzuwarten, da sich die Kultur der Eingeborenen noch im Fluß befindet. Aber die Indianer sind keineswegs die untergehende Rasse, für die sie einstmals gehalten wurden.

Fast alle abgebildeten Kunstwerke stammen aus dem 19. Jahrhundert. Frühere Beispiele sind zerfallen, da sie meist aus Holz gemacht waren. Während des 20. Jahrhunderts wurden nur sehr wenige hergestellt (bis auf sehr junge Exemplare von Masken usw. und natürlich die Stücke, die für den Tourismus gemacht werden). Aus den Jahren um 1800 liegen uns Berichte aus erster Hand vor, die von Beobachtern aufgezeichnet wurden, noch bevor weiße Einflüsse viele Veränderungen bewirkten. Gerade diese Zeitspanne vermittelt uns folglich das beste Bild von Kultur und Gesellschaft der Indianer der Nordwestküste.

Unten: Blick nach Norden von der Siedlung Skedons auf die Queen-Charlotte-Inseln. Skedons war bekannt als friedfertige Stadt, die nicht die kriegerischen Traditionen wie ihre benachbarten Haida-Dörfer hatte. Eingeschleppte Seuchen dezimierten die Bevölkerung, und der schmale Landstreifen, auf dem dieses einstmals blühende Dorf stand, wurde vor etwa einem Jahrhundert verlassen.

Die Gemeinschaften

Links: An den großen Kriegskanus der Tlingit wurden Bugornamente als Wahrzeichen der Bedeutung ihres Stammes angebracht. Diese Schnitzerei einer Eule mit ausgestreckten Flügeln war eines der Wappen des Unterstammes der Raben in Klukwan, der größten Siedlung der Chikat-Tlingit. Es muß ein furchterregender Anblick gewesen sein, wenn sie mit ihrer stattlichen Größe von etwa 1,3 m hoch auf dem vorspringenden Bug eines 18 m langen Kanus saß. Dieses Exemplar ist wunderschön geschnitzt und bemalt, mit Perlmutt eingelegt und mit dem Fell eines Braunbären geschmückt.

Als die ersten europäischen Entdecker entlang der Nordwestküste segelten, begegneten ihnen Indianer in Kanus. Kapitän Cook und seine Mannschaft nahmen an, daß diese Nootka-Indianer mehr Zeit im Kanu als an Land verbrachten. Dies veranlaßte den zweiten Leutnant der „Resolution" zu folgender Charakterisierung: „... Sie waren schlaksig und ungelenk, besonders an Knieen und Beinen; das ließ uns vermuten, daß sie häufig in ihren Kanus waren und auf ihren Fersen hockten." (Kings *Tagebuch*, „Notizen zur Beschreibung der Eingeborenen")

Möglicherweise bekam er diesen Eindruck nur, weil die Indianer wegen der Neuigkeiten ihre gewöhnliche Arbeit unterbrachen und aus Neugier oder zum Handeln zu den englischen Schiffen hinauspaddelten. Einige verbrachten, in ihren Booten schlafend, sogar die Nacht längsseits der „Resolution" und „Discovery". Aber er hatte Recht mit seiner Vermutung, daß sie auf das Meer und die Flüsse als Transportmittel angewiesen waren. Außerdem hatten sie eine hervorragende Kenntnis der Heimatgewässer. Dies traf auf alle diese Küstenbewohner zu. Die Haida an der Queen-Charlottes-Straid, die wegen ihrer Stromschnellen und unvorhersehbaren Strömungen berüchtigt war, „waren äußerst geschickt im Umgang mit ihren gutgebauten Kanus". Dies stellte der Missionar Charles Harrison fest, der mehr vom täglichen Leben der Indianer beobachten konnte als Cook.

Jedes Dorf hatte eine Anzahl Boote, die vor den Häusern auf den Strand gezogen waren. Oft waren es kleine Fahrzeuge für den täglichen Gebrauch, die von den Frauen zum Fischfang an der Küste oder für nähere Besuche verwendet wurden. Andere waren spezialisierte, eigens abgedichtete Jagd-Kanus, die auf Stege gestellt wurden, um einer Beschädigung ihres hochglanz-polierten Rumpfes vorzubeugen. Sie waren stromlinienförmig gebaut und sorgfältig poliert, so daß sie lautlos durchs Wasser glitten. Ein paar Zeremonienkanus von etwa 20 m Länge, mit bemalten Seitenwänden sowie brei-

Ganz links: Biber-Gedenkpfahl in dem Haida-Dorf Skidegate. Dies ist der einzige noch erhaltene Pfahl in dem Dorf, das sich früher rühmte, mehr als 60 solcher Denkmäler zu besitzen. Viele wurden auf Betreiben der Missionare abgeschnitten oder verbrannt, da sie für heidnische Idole gehalten wurden und eine Fortsetzung der heidnischen Rituale hätten begünstigen können. Andere wurden entfernt, um sie in Museen zu erhalten, aber sie wurden nicht ersetzt. Das Adlerwappen, das ganz oben auf den zehn Ringen dieses Schaftes saß, ist vor kurzem heruntergefallen. Außerdem besteht die Gefahr, daß der ganze Pfahl in nächster Zeit umstürzen wird, da das Unterteil verrottet ist. Der Untergang des traditionellen Lebens war in Skidegate besonders ausgeprägt. Die überlebenden Bewohner verlassener Haida-Dörfer im Süden hatten sich hier angesiedelt; dabei bewirkten sie eine Aufsplitterung, als die örtlichen Adeligen versuchten, die Neusiedler ihrer Obrigkeit zu unterstellen.

Links: Wappenpfähle wie dieser, der einen Mörderwal darstellt, wurden an Häusern im Norden oft in zusammenpassenden Paaren aufgestellt – einer auf jeder Seite –, um den Clan des Eigentümers anzuzeigen. Dieser hier wurde als Grabdenkmal eines bedeutenden Tlingit-Häuptlings verwendet.

tem Bug und Heck lagen neben einigen Häusern, zum Schutz waren sie mit Lagen aus Zedernrinde abgedeckt.

Der Bau eines Kanus war eine lange und mühevolle Arbeit. Ein geeigneter Teil eines Baumstammes mußte mit hölzernen Keilen gespalten werden. Dieses Stück wurde dann durch Behauen und Ausbrennen ausgehöhlt und roh zugerichtet, bevor die endgültige Formgebung beginnen konnte. Während dieses letzten Stadiums wurde das ausgehöhlte Baumstück mit Wasser gefüllt, in das rotglühende Steine geworfen wurden. Das Wasser begann zu kochen und machte dabei das Holz einigermaßen elastisch, so daß man es in seine endgültige Form bringen konnte. Dabei wurden die Spanten an ihre Position geschlagen. Viele der größeren und spezialisierten Kanu-Typen wurden von Fachleuten gebaut, aber jeder Mann war in der Lage, ein Boot für den täglichen Gebrauch herzustellen.

Die Dörfer wurden bevorzugt an der Küste angelegt. Dabei gab man feinem Sand oder Kies den Vorzug, weil die seetüchtigen Kanus durch die Brandungszone getragen werden mußten, um eine Beschädigung ihrer Politur zu vermeiden. Die Siedlungen lagen an geschützten Stellen, meist an kleinen Buchten, die Schutz vor plötzlich aufkommendem Sturm boten. Der Zugang erfolgte von der Seeseite her. Eine Unzahl von Totempfählen, die vor den Häusern standen, boten ein erstes eindrucksvolles Bild. Manche dienten als Hauspfosten, indem sie die schweren Hauptdachbalken stützten. Über dem Dachstuhl des Gebäudes lag eine Anzahl kleinerer Latten, die mit Platten aus Zedernrinde bedeckt waren. Sie wurden in ähnlicher Weise wie beim Kanubau gespleißen und behauen. Das ganze bildete ein massives Wohnhaus für mehrere Familien mit bis zu 50 m Länge und 14 m Breite. Bei den Gruppen der Salish war es als Langhaus bekannt, aber überall sonst an der Küste nannte man es Großhaus.

Da diese Häuser nicht nur zur Unterkunft dienten, sondern auch als Zeremonienhäuser während des Winters, waren die Haupthäuser des Dorfes größer und eindrucksvoller als die anderen. Manchmal wurde die Fassade gekalkt und dann mit einem prächtigen Symbol bemalt, z.B. von Mörderwalen oder Bibern, bloß um die Abkunft des Eigentümers aufzuzeigen. Bei den Kwakiutl war oft die ganze Frontseite der Häuser in dieser Weise angemalt, während andere Gruppen im Norden die Malerei auf die Türpfosten beschränkten. Als die spanischen und französischen Chronisten die prachtvollen schwarzen, roten, und blaugrünen Farben vor den bewaldeten Bergen sahen, die direkt hinter dem Dorf aufragten, waren sie voll der Bewunderung, weil diese Farben den wegen ihrer Größe ohnehin eindrucksvollen Gebäuden Erhabenheit verliehen.

Vor dem Haus und hoch über dem Ufer stand Schnitzwerk als Stütze dieser Haupthäuser (die Salish hatten viele geschnitzte Figuren an den Seiten ihrer Langhäuser stehen), als Umrahmung der Eingangstür oder gelegentlich als Eingang selbst. Diese dreidimensionalen Formen wurden durch die flache Bemalung des Hintergrundes und die breiten Zedernplanken nachdrücklich betont. Dadurch wurde die Familienposition innerhalb des Stammes machtvoll dargestellt.

Die Seitenverkleidung der Häuser wurde mit Riemen, Nägeln aus Horn oder Holz gesichert, während die Dachbretter lose auflagen. Ein authentischer Bericht stammt von dem Bostoner Seemann John Jewitt, der von den Nootka gefangengenommen wurde, nachdem ihr Häuptling Maquinna als Rache für die Grausamkeiten früherer Händler ein Blutbad an der Schiffsbesatzung befohlen hatte. Er wurde drei Jahre als Sklave gehalten, aber wegen seiner Dienste als Schmied gut behandelt. Er wurde ein Bewunderer ihrer Bauwerke, von denen er folgende lebhafte Beschreibung hinterließ:

> „Das Dach ist mit Brettern von acht Fuß Breite bedeckt, die sich am Ende gerade so weit überlappen, daß der Regen vollständig ferngehalten wird. Darauf legen sie Steine, damit sie nicht vom Wind weggeweht werden. Die Enden der Bretter werden an den Balken, auf denen sie liegen, nicht durch Halterungen gesichert, so daß ich oft erlebt habe, wie bei einem starken Sturm alle Männer hinausgehen mußten, um die Bretter festzuhalten und mit herangetragenen großen Steinen und Felsstücken zu sichern. Immer ziehen sie sich dabei nackt aus, egal wie schlecht das Wetter ist, um zu verhindern, daß ihre Kleidung naß und schmutzig wird, denn diese Stürme sind meist von heftigen Regenfällen begleitet... (Die Häuser) hatten weder einen Schornstein noch eine Öffnung im Dach, aber wenn Feuer gemacht wurde, schob man das Brett unmittelbar darüber mit einem Stock beiseite, um den Rauch abziehen zu lassen." *(Erzählung der Abenteuer und Leiden des John R. Jewitt)*

Dieser Bericht über die beweglichen Bretter über den Feuerplätzen verweist auf die Sitte der Nootka, daß jede Familie eine eigene Feuerstelle auf einer erhöhten Plattform ringsum im Hause eingerichtet hatte. Einige andere Gruppen benutzten nur einen zentralen Feuerplatz und verschoben deshalb nur die mittleren Bretter neben dem Hauptstützpfeiler. Manchmal wurden die Schlafabteile durch Wandschirme oder aufeinandergestapelte Kisten abgeteilt. Die Inneneinrichtung war verschieden, aber die Räumlichkeiten wurden immer entsprechend der sozialen Position verteilt, wobei die wichtigste Familie am weitesten vom Eingang entfernt saß.

Man mußte sich tief hinunterbeugen, um durch einen winzigen Eingang einen einzigen, großen, finsteren und raucherfüllten Raum zu betreten, der bei den Haida noch bis zu 1 m Tiefe in die Erde gegraben war. Das einzige Licht fiel durch die Öffnungen im Dach und kam vom Schein des Feuers. Bei schönem Wetter aber war es viel heller, wenn die meisten Seitenwände entfernt wurden. Aber das feuchte und windige Klima verlangte, daß diese meist geschlossen blieben.

Dieser Raum war bei den Gruppen des Nordens beherrscht von einem Wandschirm aus Zedernbrettern, der in seiner Mitte eine kleine ovale Öffnung eingeschnitten hatte und mit Bildern, ähnlich denen auf der Außenseite mancher Häuser, bemalt war. Der Schirm wurde von zwei geschnitzten und bemalten Pfosten eingerahmt, die doppelte Firstbalken stützten und das Haus in eine gemeinsame Wohnsphäre vor dem Schirm und eine religiöse Sphäre hinter ihm teilten. Dieser hintere Teil diente auch als Lager für Kisten mit Zeremonienzubehör, das nur von Mitgliedern des Geheimbundes im Stamm benutzt werden durfte.

Die Häuser im Norden waren mit einer Fülle von geschnitzten Figuren überladen, und zusätzlich zu dem Wandschirm und den Pfosten lagen zahlreiche Schmuckgegenstände in den Räumen herum. Das häufigste Möbelstück war die Zedernholztruhe. – Sie wurden benutzt, um Eigenbesitz aufzubewahren und als Behälter für getrocknete Lebensmittel. Die weitere Ausschmückung schloß geschnitzte Reliefs an der erhöhten Plattform und den Firstbalken ein. Sie waren verziert und bemalt. Die Kwakuitl legten größeren Wert auf reichhaltige Bemalung, und ihre führenden Familien hatten sogar geschnitzte und bemalte Sitzbänke aus Zedernholz. Alle Gruppen hatten ein mannigfaltiges Sortiment von kleinen Gegenständen wie Löffel, Schüsseln und Wiegen.

Daneben enthielt das Haus Nahrungsvorräte, die zusammengeschnürt über den Schlafräumen oder unter den Dachbalken aufbewahrt wurden. Tierblasen voller Fischöl hingen vom Dach herab, zusammen mit Gestellen, auf denen Fisch geräuchert wurde. Decken und Felle dienten als Kleider und Lager. Das Material für verschiedene

Handarbeiten – Streifen aus Zedernrinde, Stränge von Bergziegenwolle und Hundehaaren, gebündelte Schnurrbarthaare des Seelöwen – lagen gerade da aufgestapelt, wo man sie brauchte.

Die Leute hockten um das Feuer und saßen oder lagen auf den Plattformen, um sich unterhalb der Rauchdecke aufzuhalten. Natürlich gab es ein ständiges Hin und Her, während sie ihre verschiedenen Tätigkeiten ausübten. Aber meistens verbrachten sie ihre Freizeit, besonders am Abend, im Hause oder in seiner Nähe mit Erzählen, Diskussion der Tagesereignisse oder mit Spielen. Die Nootka veranstalteten Lachwettkämpfe, wobei sich zwei Mannschaften gegenübersaßen, anstarrten und Wetten darüber abschlossen, wer zuerst in Lachen ausbrechen würde. Das zeigt, daß der Eindruck der

Hauspfähle und Wandschirme wurden oft mit Figuren aus der Mythologie geschnitzt und bemalt. Eine Erzählung handelt von der Bärenmutter. Weil eine junge Frau die Bären beleidigt hatte, wurde sie zur Strafe mit in die Bärenhöhle genommen. Sie heiratete den Sohn des Anführers und brachte zwei halbmenschliche Bärenjunge zur Welt. Obwohl diese Erzählung von den Tsimshian stammte, breitete sie sich von dort zu anderen Sprachgruppen aus.

Ganz links: Dieser geschnitzte Hauspfahl, 1,9 m hoch, stellt einen hockenden Bären dar. Die zwei menschlichen Gesichter der Kinder der Bärenmutter sind auf den Handflächen deutlich zu erkennen. Der Pfahl stützte früher den Dachbalken in einem nördlichen Kwakiutl-Haus in Kitimaat.

Links: Eine bemalte Tlingit-Version des hockenden Bären auf einem 4,5 m hohen Wandschirm. Eine ovale Öffnung unten führte in den geweihten Raum hinten im Hause des Häuptlings Shake in Wrangell. Dieser Bär, das Braunbärwappen seines Clans, ist ein prächtiges Beispiel für die zweidimensionale Kunst der Tlingit.

Europäer über den „stoischen“ Indianer falsch war, obwohl es zutrifft, daß er sich sehr bemühte, seine Gefühle gegenüber Fremden nicht zu zeigen. Die meisten Spiele waren eine Variante des Knochenspiels, wobei markierte Stäbe und Würfel Verwendung fanden. (Es war auch in den Prärien und bei den Eskimos bekannt.) Begleitet wurde dieses Spiel von besonderen Spielliedern mit Trommelwirbeln und häufigen Freudenschreien.

Auf diese Weise vergnügte man sich vor allem im Winter, wenn die Leute wegen unfreundlichen Wetters in den Häusern blieben. Das brachte Abwechslung in die langen Abende mit ihren sonstigen gemeinschaftlichen Veranstaltungen. Um diese Jahreszeit waren die größeren Dörfer durchgehend bewohnt, und hier fanden die Zeremonienfeste statt. Als Zentren zeremonieller Handlungen hatten die Häuser rituelle Bedeutung und wurden mit heiligen Namen bezeichnet. Geweiht war mehr die Stelle, an der das Haus stand, als das Gebäude selbst. So konnten die Häuser erweitert, wieder aufgebaut oder zu Komplexen zusammengeschlossen werden, die mehrere Einheiten enthielten, wobei alle denselben Hausnamen trugen.

Tatsächlich werden diese traditionellen Namen oft auch heute noch Gebäuden verliehen, die genau am Standort früherer Häuser errichtet werden. Weil jede Familiengruppe eine genau festgelegte Teilstrecke am Strand besaß, konnten Häuser nicht an einer anderen Stelle im Dorf errichtet werden, sondern allenfalls hinter den schon stehenden Gebäuden. In manchen alten Dörfern, die eine immer stärker wachsende Bevölkerungszahl aufnehmen mußten, fand man mehrere Häuserreihen als aufsteigende Terrassen hintereinander.

Große Dörfer waren im Sommer fast leer. Die Bewohner zogen in kleinen Verwandtschaftsgruppen in Lager, die sich näher an den Nahrungsquellen befanden. Dort errichteten sie einfache Buschhütten als vorübergehenden Schutz. An einigen Hauptorten der Fischerei standen das ganze Jahr über Rahmen für Blockhäuser bereit, die man bei Bedarf mit Brettern aus dem Winterlager verschalen konnte. Diese Bretter waren auch während der Reise sehr nützlich; wenn sie zwischen zwei große Kanus gebunden wurden, dienten sie als praktischer Frachtraum.

Den größten Teil des Sommers verbrachten die Indianer in diesen Dörfern an den Flüssen und Flußmündungen, um den Vorteil der Millionen von Fischen wahrzunehmen, die vom Kuro Schio oder Pazifischen Strom an die Küste getrieben wurden. Gefangen wurden: Hering, Heilbutt, Kabeljau, Stint, Forelle, Flußbarsch und Stör. So bedeutend war die Rolle der Fische in der Wirtschaft, daß bis in die Prärien hinein andere Stämme die Indianer der Nordwestküste als „Fisch-Esser“ kannten. Aber kein Fisch war so wichtig wie der Lachs. Zum vielleicht charakteristischsten Anblick dieser

Unten: Bei feierlichen Anlässen saß der Häuptling auf einer Sitzbank, die mit seinen Wappentieren geschmückt war. Dieses Exemplar stammt aus Bella-Bella, einem nördlichen Kwakiutl-Dorf, und stellt einen Adler, einen Donnervogel, einen Wal und einen Moskito dar. Es war ursprünglich die ausgeschmückte Form einer Rückenstütze, die als normales Haushaltsmöbel gebraucht wurde und die zusätzlich Seitenwände trug.

Oben rechts: Totemschnitzerei mit der Darstellung eines Lachses, des Wappentiers des Unterstammes Kut, vom Kut-Haus in dem Tlingit-Dorf Gunahho.

Mitte rechts: Selbst die profansten Gegenstände wurden äußerst sorgfältig gefertigt. Das Bild zeigt einen Heilbuttangelhaken der Tlingit mit dem Bildnis eines Mannes, der eine Schwimmblase über dem Kopf trägt. Der Haken ist aus Zedernholz geschnitzt, mit Kordel umwickelt und mit einer Eisenspitze versehen.

Sommerlager zählten lange Reihen von Lachsfilets, die – außerhalb der Reichweite der Hunde – zum Trocknen an der Sonne auf Gerüst gelegt oder aufgeschnitten und entlang des Flusses überall an Zweigen über rauchenden Feuern aufgehängt wurden. Sogar an der schwülen Nordwestküste hält sich geräucherter und getrockneter Lachs für längere Zeit, und wenige Wochen Arbeit reichten aus, um genügend Fischvorräte für mehrere Monate anzulegen.

Bevor die Fischsaison richtig begann, wurde der Erste-Lachs-Ritus abgehalten, um den Lachsgeistern für die vorhandene Nahrung zu danken. Die Indianer glaubten, daß die Fische der Menschen wegen flußaufwärts schwämmen, und daß diese Gunst zu jeder Zeit von den Geistern widerrufen werden könnte. Wesentlich war daher, Rücksicht zu nehmen und die Fische nicht zu mißhandeln oder unnötig zu töten. Ihre Knochen wurden immer wieder in *den* Fluß zurückgebracht, in dem die Fische gefangen worden waren, damit sie in dem „Lachshaus unter dem Meer" neugeboren werden könnten. Es wurde sorgfältig darauf geachtet, daß kein Knochen fehlte, weil dieser dem wiedergeborenen Fisch auch fehlen und eine Mißgestalt verursachen würde, die die Geister ärgern könnte.

Nachdem dieser Ritus vollführt worden war, wurden Fischreusen mit Laufplanken darüber errichtet, die bisweilen breite und reißende Flüsse überspannten. Ein Flechtwerk von Ästen und Pfeilern führte die Fische in verschiedene Fallen, wo sie mit Lanze oder Netz gefangen wurden. Diese äußerst zuverlässige Methode lieferte Unmengen von Vorräten, die es ermöglichten, bei den Winterfesten verschwenderische Gelage zu feiern.

Säugetiere des Meeres folgten den Fischschwärmen bis in die Küstennähe. Sie wurden nicht aus Not gejagt, sondern um besonderes Jagdgeschick zu beweisen. Gelegentlich erweiterten sie das Nahrungsspektrum. Man fand reichlich Seehunde, Seelöwen und Tümmler sowie die kleineren, felltragenden Säugetiere, z. B. den Seeotter, die im frühen Handel eine so bedeutende Rolle spielten.

Bei Stürmen wurden gestorbene Wale an Land geschwemmt, die dann von allen Gruppen verwendet wurden. Von manchen Walfängern glaubte man, daß sie Zauberkräfte besäßen, die dieses bewirkten. Diese Rituale waren sorgsam gehütete Geheimnisse; man benutzte dabei Altäre mit Figuren aus Strohbündeln, Schädel und Leichen, die von Beerdigungen gestohlen worden waren, um die Ahnen des Walfängers zu repräsentieren. Ganz besonders verstärkte eine abergläubische Furcht vor der Unterwelt diesen Bund zwischen toten Menschen und toten Walen. Im Wissen um mächtige Hilfsquellen empfand der Indianer der Nordwestküste ein tiefes Selbstvertrauen, das ihn solche entscheidenden und gefährlichen Unternehmungen eingehen ließ. Das betraf zweifellos das Harpunieren von Walen, was regelmäßig bei den Nootka betrieben wurde. Sie verminderten die damit verbundenen Gefahren, indem sie durch komplizierte Rituale übernatürliche Hilfe in Anspruch nahmen. Bei diesen Ritualen ahmte der Walfänger die Bewegungen seiner Beute nach und sagte Geheimsprüche auf.

Der Walfang blieb trotz dieser Hilfe nicht ohne Gefahr. Da die Harpunen zu unhandlich waren, als daß man sie hätte zielgenau schleudern können, mußte das Kanu längsseits an den Wal rudern, wenn man einen Wurf ausführen wollte. Ein plötzliches Rollen oder Abtauchen des Tieres beim Eindringen der Klinge erforderte das ganze Geschick eines Nootka-Seemanns, um nicht zu kentern. An den Harpunen befestigte Seehundblasen dienten als Treibanker, um den Wal zu schwächen. Bevor man ihn tötete, wurde er dann dicht an das Ufer getrieben, damit man ihn nicht zur Küste schleppen mußte. Weil es nicht einfach war, ein so ungeheures totes Gewicht mit einem Kanu zu schleppen, hatte die Frau des Walfängers im Dorf die wichtige Aufgabe, die „fair Lady“ durch Gebete und Willenskraft an Land zu locken. Sie stellte das Tier dar, und man glaubte, daß sie durch ihr Verhalten seine Bewegungen beeinflussen könnte. Wenn sie ruhig läge, dann würde der Wal keine Schwierigkeiten bereiten, aber jede plötzliche Bewegung von ihr würde den Wal unruhig und schwer erreichbar machen. Eine erfolgreiche Jagd lieferte mehr als genug Nahrung für ein durchschnittliches Dorf, so daß sie gewöhnlich in einem Fest gipfelte, zu dem benachbarte Gruppen eingeladen wurden.

Das Meer enthielt auch Pflanzen und verschiedene Weichtiere, die als Nahrung und deren Zähne und Schalen zu Einlegearbeiten für Ornamente und Haushaltsgegenstände verwendet wurden. In Dörfern, die schon seit mehreren Generationen bewohnt waren, gab es tonnenschwere Abfallhaufen von weggeworfenen Schalen. (Für Archäologen, die anhand dieser Haufen verlassene Dörfer ausfindig machen können, stellen sie einen unschätzbaren Wert dar.) Diese Abfallhaufen gaben eine wertvolle Nahrungsquelle nahe beim Dorf ab, da sich dort eine Schicht guten, fruchtbaren Bodens anreicherte, in dem Beerenhecken und Kleeäcker angepflanzt werden konnten. Das Getreide ließ man wild wachsen und erntete es, wenn es reif war, wobei der Eigentümer jeweils das Recht auf die ersten oder besten Garben hatte. Die Verteilung der Ernte wurde auf die Verwandtschaft beschränkt. Obwohl einige Beeren frisch gegessen wurden, konservierte man die meisten in Fischöl für den Winter.

Fischöl war in der Tat ein äußerst wichtiger Teil des Essens; jeder Bissen wurde hineingetunkt, und eine Mahlzeit ohne eine Schale Fischöl wäre unvollständig gewesen. Gewonnen wurde es aus dem Eulachon – oder Kerzenfisch –, einem kleinen sprottenähnlichen Fisch, der so ölhaltig ist, daß er, wenn man ihn getrocknet hat, wie eine Kerze brennt. Die Indianer gewannen das Öl durch Kochen des Fisches in einem Bottich oder einem alten Kanu, das zu diesem Zweck aufbewahrt wurde. Dann schöpften sie es von der Wasseroberfläche. Neben seiner Bedeutung als Nahrungsmittel war das Öl ein wertvoller Tauschartikel, der unter den Gruppen gehandelt wurde. Die meisten Gruppen lagerten Mengen von Öl, um bei Festen einen wichtigen Gast zu ehren oder ihren Reichtum vorzeigen zu können.

Weil aus dem Meer und auch aus der näheren Umgebung des Dorfes eine sehr bequeme Existenz möglich war, gab es wenig Grund, sich in die dichten, überwachsenen Wälder zu wagen, um nach Wild zu suchen, obwohl dieses reichlich vorhanden war. Bären, Hirsche und Elche wurden nahe bei den Dörfern gejagt. Die Chilkat, ein Tlingit-Stamm, machten Jagd auf Bergziegen und nutzten deren Wolle, um Decken zu weben; das Horn des Bergschafes wurde vielfach für Becher und Kellen gebraucht. Aber nur die Stämme an den Flüssen im Landesinneren, mit schwierigem Zugang zur See, maßen dem Wild als wirklicher Nahrungsquelle eine Bedeutung bei. Bärenfett war im ganzen Gebiet als kosmetischer Grundbestandteil sehr gefragt, um die Haftfähigkeit von Ocker und Ton für Gesichts- und Körperbemalung zu gewährleisten. Außerdem wurde es ins Haar gerieben, um darin kleine weiße Federn festkleben zu können.

Die Mannschaften auf den europäischen Schiffen, als Seeleute selber eine ziemlich ungepflegte schmuddelige Gruppe, waren zu unverständig, um diese eigentümliche Form von Schönheitsempfinden schätzen zu können. Sie fanden die Indianer unsauber. Das war aber keineswegs der Fall. Sie pflegten täglich zu baden, und Fett und Farbe, die ihre Gäste so empörten, verhinderten auf praktische Weise den Sonnenbrand und das Austrocknen der Haut im Wind. Außerdem wurde ihre Schönheit dadurch betont.

Künstler, die auf den Schiffen reisten, erkannten den Wert der Zeichnungen und waren davon zutiefst beeindruckt. John Webber, der mit Cook fuhr, machte Skizzen und Holzschnitte von den Nootka und bemerkte, daß sie jeden Tag ihre Gesichter anders bemalten und daß sie manchmal nachmittags mit einem Gesicht auftraten, das völlig verschieden war von dem, das sie am Vormittag gezeigt hatten. Andere Künstler bemerkten, daß die Gesichtsbemalungen der Haida der Bemalung ihrer Masken entsprach. Da diese bis heute erhalten sind, vermitteln sie eine Vorstellung vom abstrakten Symbolismus dieser Art von Schmuck. Bei allen Arten von Körperbemalung durfte der Indianer seiner Eitelkeit freien Lauf lassen. Möglicherweise brachte er täglich zwei Stunden oder mehr damit zu, die Farben aufzutragen, und wenn er die Zeichnungen nachher unbefriedigend fand, fing das Ganze noch einmal von vorne an.

Eine andere Art der Verschönerung war der ziemlich weit verbreitete Brauch, sich zu tätowieren. Nach dem frühen 19. Jahrhundert wurde er nicht mehr fortgesetzt. Außerdem durchbohrten die Indianer zum Anbringen von Schmuckstücken die Nasen-

Oben: Fischöl war an der Nordwestküste die am weitesten verbreitete Zutat, und eine Schale Fett fand sich bei jeder Mahlzeit. Heute noch wird getrockneter oder gebratener Lachs mit Fischöl gegessen. Es war auch eine wertvolle Handelsware und ein Zeichen von Wohlstand. Diese Bella-Bella-Ölschale ist im Stil eines nördlichen Kanus geschnitzt.

Rechts: Die Nootka erhielten Bergziegenwolle durch Handel mit den südlichen Kwakiutl. Da sie so sehr geschätzt war, konnten sich nur die Häuptlinge die aus Wolle gewebten Decken leisten. Die Decken wurden ausschließlich zu zeremoniellen Ereignissen getragen, und das Muster darauf stellte die Privilegien des Eigentümers dar. Dieses sehr frühe Exemplar einer solchen Decke, die im späten 18. Jahrhundert von Kapitän Cook mitgebracht wurde, ist aus Ziegenwolle und Zedernrinde gewoben. Sie zeigt einen Austernfischer und ein Rochenpaar. Es läßt sich nicht genau feststellen, ob diese Decke von den Nootka stammt, obwohl es sehr wahrscheinlich ist.

scheidewand. Unter den nördlichen Stämmen stachen sich die Frauen die Unterlippe durch und trugen Knochen, Holzstäbchen oder Lippenpflöcke; sie hatten bis zu 7,5 cm Durchmesser und galten als Zeichen für einen höheren Stand. Die Kwakiutl und Nootka im Süden flachten die Köpfe ihrer Neugeborenen ab, indem sie deren Stirn mit umwickelten Brettchen zusammendrückten. Alle durchstachen ihre Ohren, um sich mit vielfältigen Perlen- und Kupferornamenten zu schmücken.

Um den ganzen Körper wurden verschiedenartige Schmuckstücke in großer Menge getragen, am häufigsten Armbänder. Sie wurden aus allen möglichen natürlichen Materialien hergestellt, die in künstlerischer Weise bearbeitet werden konnten, wie z. B. Kupfer, Pelz, Knochen, Holz und Eisen. Wieviel Schmuck einer tragen durfte, wurde normalerweise durch seine soziale Stellung bestimmt. Die übrige Bekleidung war spärlich. Bei schönem Wetter gingen die Männer häufig, bis auf Schmucksachen, ganz ohne Kleidung. Die Frauen trugen nur einen kurzen, gewobenen Schurz. Schuhwerk wurde praktisch nie getragen, selbst nicht bei kältestem Wetter. Wegen des Klimas entwickelten die Indianer eine Vielfalt von Regenbekleidung. Während der Schlechtwetterperioden wurden im allgemeinen Umhänge sowie Anzüge aus Zedernrinde getragen. Mit einem Regencape aus Rinde darüber und dazu einem Hut aus Fichtenwurzeln konnte man sicher sein, auch unter den übelsten Wetterbedingungen trocken zu bleiben.

Feierliche Kostüme trug man nur bei förmlichen und sozial bedeutsamen Anlässen. Sie bestanden aus Masken und wunderschön gewobenen Decken aus einer Kombination von Rinde und Wolle. Diese Art Kostüm wurde zweifellos auch von dem Mann getragen, der Cook empfing.

Die Muster in Geweben der Chilkat-Tlingit wurden von den Frauen von Vorlagebrettern kopiert, die die Männer gezeichnet hatten. Weil die Bretter mehrmals gebraucht wurden, kamen fast identische Muster auf verschiedenen Gegenständen vor.

Links: Chilkat-Mantel mit dem Bild des Braunbären, ähnlich dem auf dem Musterbrett (ganz links). Man nimmt an, daß dieser Mantel den Besitzer wechselte und für den neuen zu klein war: Ein Saum aus Otterfell wurde an beiden Seiten angenäht, um seine Weite zu vergrößern.

Unten: Die Webetechnik der Tlingit wurde auch auf feine Korbwaren angewandt. Einige ihrer Körbe waren so dicht geflochten, daß sie zur Aufbewahrung von Flüssigkeiten dienen konnten.

„Eine einzigartige Zeremonie ..., aufgeführt von einem Mann in einem vielfarbigen Gewand, von dem Rehhufe, Knochenstücke usw. herabhingen, so daß sie bei jeder Körperbewegung gegeneinanderschlugen. Er trug eine Maske und in der Hand eine Rassel, genau wie einige andere auch; und wenn sie Masken bei sich hatten, setzten sie sie gewöhnlich auch auf." (Notizen aus Cooks *Tagebuch*)

Es ist sehr wahrscheinlich, daß der, den Cook beschrieb, eine bedeutende Persönlichkeit des Dorfes war, denn er war zu diesem Anlaß aufwendiger gekleidet als alle anderen. Aber Cook fand niemanden, der absoluten Vorrang hatte oder etwas ähnliches, obwohl „es einige Männer als Häuptlinge gab, die sich durch den Namen oder Titel eines Acweeks unterschieden und denen sich die anderen in irgendeiner Weise unterordneten; aber ich glaube, die Autorität eines jeden reicht nicht weiter als bis zur Familie, zu der er gehört." (Notizen aus Cooks *Tagebuch)*

Einen wesentlichen Charakterzug jedes Indianers der Nordwestküste bildete sein tiefes Empfinden für Familienbande. Dies war das Ergebnis einer langen Entwicklung, die den Gemeinsinn prägte und in der die Bedürfnisse der Allgemeinheit stets den persönlichen Belangen vorangestellt wurden. Cooks Acweek könnte das Oberhaupt einer aus mehreren Familien bestehenden Sippe mit ungefähr 50 Mitgliedern gewesen sein. Als einflußreichste Kraft im Leben eines Indianers bestimmt die Familie seine Einstellung zum Alltag und seine Rolle in der Gemeinschaft. Die Verwandtschaftsbeziehungen der Familien untereinander wurden auf verschiedene Weisen geregelt: Im Norden waren mutterrechtliche Gruppen die Regel, die Sippen im Süden bildeten meistens Gemeinschaften mit Vaterrecht, während die Kwakiutl im mittleren Bereich, eine Übergangsgruppe, von beiden Methoden der Erbfolge Gebrauch machten.

Je nach geographischer Lage setzten sich die Sippen aus Angehörigen eines Clans oder aus Blutsverwandten zusammen. Dabei waren aber die Übergänge fließend, da sich auch die Clanmitglieder selbst für Blutsverwandte hielten. Die Sippe bildete eine grundlegende soziale Einheit, die in allen Sprachgruppen ihre eigenen Angelegenheiten unabhängig von anderen regelte. Im Norden allerdings hatten die Clans eine gewisse Bedeutung, wenn es um Unternehmungen ging, die die Teilnahme von mehreren Sippen erforderten.

Die Mitglieder eines Clans glaubten sich durch Abstammung von einem gemeinsamen legendären Vorfahren miteinander verwandt. Die Tsimshian, ein typischer nördlicher Stamm, wohnten in Häusern, in denen die Männer Mitglieder einer Clangruppe waren. Ihre Frauen stammten aus anderen Clans, denn im Norden herrschte ein Inzest-

Rechts: Porträtmasken hatten oft genau die gleiche Zeichnung, wie sie bei der Gesichtsbemalung benutzt wurde. Diese Haida-Maske könnte abwechselnd mit einer Tiermaske getragen worden sein, um die Charakterwandlung von einem natürlichen in einen übernatürlichen Zustand aufzuzeigen.

gesetz, das die Heirat innerhalb der eigenen Gruppe verbot. Mutterrechtliche Erbfolge bedeutete hier, daß die Kinder den Stammbaum ihrer Mutter übernahmen. Außerdem wurden alle Kinder einer Frau, die mehrmals verheiratet war, Mitglieder des Clans, gleichgültig ob ihre Väter Tsimshian, Amerikaner oder Chinesen waren. Die Jungen verließen frühzeitig ihr Elternhaus und wurden von der Familie ihrer Mutter erzogen, im allgemeinen vom Onkel mütterlicherseits. Ein Mädchen hingegen blieb bis zu ihrer Heirat bei den Eltern. Auf diese Weise waren die Clans in verschiedenen Sippen quer durch den ganzen Stamm vertreten.

In einigen Fällen beriefen sich zwei oder mehrere Clans auf eine nähere Verwandtschaft miteinander und bildeten eine eigene Stammesuntergruppe. Jeder Tlingit-Stamm z. B. besaß zwei Unterstämme – die Raben und die Wölfe –, die aus kleineren Clangruppen von näher verwandten Mitgliedern bestanden: Ein Rabe der Tlingit war dann ein Mitglied eines der 27 Clans, die diesen Unterstamm der Raben bildeten. Die Aufspaltung in Raben und Wölfe nahm in den Legenden ihren Ausgang von einem gemeinsamen Stamm. Wie die Wölfe der Tlingit berichten, geschah dies nach einem Streit um die Frau eines Stammeshäuptlings, die eine Liebesaffäre hatte. Sie gab vor, krank zu

sein, weil sie wußte, daß sie während ihrer Krankheit in einer isolierten Hütte eingeschlossen würde und dort ihren Geliebten heimlich treffen könnte. Irgendwie schöpfte ihr Mann aber Verdacht und tötete ihren Liebhaber. Der Bruder des Toten begann nun eine Rachefehde, und als Folge zerstreute sich die Familie des Häuptlings über ein weites Gebiet. Entsprechend der Tradition nahmen sie neue Namen an und bildeten später die zahlreichen Clans der Mörderwale in den verschiedenen Tlingit-Stämmen. Historisch gesehen wurde diese Trennung vermutlich durch Bevölkerungswachstum und -expansion der Stämme verursacht.

Die Tlingit, Tsimshian und Haida bildeten eine nördliche Kultur mit mutterrechtlicher Erbfolge. Sie hielten ihre Clans für untereinander verwandt. Die Tlingit-Raben galten als Verwandte der Haida-Adler sowie der Raben und Adler aus den Stämmen der Tsimshian. Tlingit-Wölfe hatten verwandtschaftliche Verbindungen mit den Wölfen und Mörderwalen der Tsimshian sowie mit dem Unterstamm der Raben der Haida. Theoretisch konnte dann ein Tsimshian-Adler seine Verwandten unter den Haida-Adlern besuchen und sogar ihre Hilfe und ihren Schutz in Anspruch nehmen, obwohl sie sich völlig fremd waren und verschiedene Sprachen redeten.

Im Zentralgebiet hatten nur die sechs nördlichen Kwakiutl-Clans ein ähnliches mutterrechtliches Erbfolgesystem. Ihnen wurde aber weniger Bedeutung zugeordnet, weil es sich hauptsächlich um lokal begrenzte Gruppen handelte. Unter der südlichen Bevölkerung basierten die Sippen auf Blutsverwandtschaft, obwohl dies manchmal sehr großzügig interpretiert wurde. Zum Beispiel konnte ein Häuptling der Nootka-Ehetisat alle Mitglieder der 16 Moachat-Gruppen als Verwandte betrachten, nur weil er mit einem von ihnen weitläufig verwandt war. Im Gegensatz dazu unterhielten die Salish nur Beziehungen mit sehr eng verwandten Gruppen, mit denen sie eine direkte Verbindung durch Heirat hatten.

Solche festgefügten Gruppen, die von gemeinschaftlicher Zusammenarbeit abhängig waren, benötigten gewisse Sanktionen gegen widersetzliche Mitglieder. Im allgemeinen reichte die Mißbilligung der Gruppe aus, um irgendein unsoziales Verhalten in erträglichen Grenzen zu halten. Extreme Außenseiter aber wurden ausgestoßen. Diese Form der Kontrolle war die Hauptursache, weshalb die Sippen wirkungsvoll funktionierten und doch unabhängig blieben: einer Aufsplitterung war so vorgebeugt. Das soziale Stigma des Ausschlusses hinderte jeden daran, seine Gruppenzugehörigkeit ohne weiteres zu ändern; außerdem hätte sich keine andere Sippe durch seine Aufnahme selbst in Schwierigkeiten bringen wollen.

Die Gruppensolidarität wurde weiterhin dadurch gefördert, daß jede Sippe und jeder Clan seine eigenen Geschichten und Traditionen in Form von Mythen und Legenden besaß. Diese erzählten meist von den Beziehungen eines Vorfahren mit übernatürlichen Kräften. Oft beschrieben sie, wie er einem Fabeltier begegnete, das ihm bestimmte Privilegien verlieh. Diese spielten eine so bedeutsame Rolle im Leben eines Indianers, daß sie nach festen Erbrechten innerhalb der Familie weitergegeben wurden. Außerdem legten die Privilegien seinen individuellen Rang in der Gemeinschaft fest. Man betrachtete sie als Eigentum des einzelnen und seiner Gruppe und schätzte sie höher ein als materiellen Besitz. Eigentlich waren sie Rechte, wie das Recht, einen Namen zu tragen, das Recht, bei einer Zeremonie einen Tanz aufzuführen, oder das Recht, sich mit einer besonderen Maske zu schmücken. Obwohl Inhalt und Ausdrucksform dieser Privilegien jedem durch die öffentliche Darstellung bekannt waren, durfte nur der gegenwärtige Besitzer die damit verbundenen Vorrechte nutzen.

Typisch für diese Erzählungen über verliehene Vorrechte sind die Legenden der Tlingit und Tsimshian Mörderwale. Natcitlaneh wurde in den Tlingit-Erzählungen von seinen Schwägern, die eifersüchtig auf seine Erfolge bei der Jagd waren, auf einer Insel allein zurückgelassen. Dort retteten ihn Seelöwen und nahmen ihn mit in ihre Wohnhöhle. Sie verliehen ihm aus Dankbarkeit für die Heilung ihres Anführers übernatürliche Kräfte, die ihn befähigten, acht Mörderwale aus Holz zu schnitzen. Als er diese in die See setzte, erwachten sie zum Leben und rächten ihn, indem sie seine Schwäger töteten. Aus Dankbarkeit baute Natcitlaneh ihnen ein Haus und nannte es Mörderwal-Haus. Nach den Legenden der Tsimshian besuchten ihre Vorfahren die Wohnstätten der Mörderwale im Meer und erhielten daraufhin das Recht, ihr Bild als Sippenzeichen zu führen. Dieses Recht ging dann in den Besitz verschiedener verwandter Sippen über.

Weil die übernatürliche Welt dieser Geschichten keine irdischen Grenzen kannte, war ihre Glaubwürdigkeit unwichtig. Andererseits brachte sie bestimmte Vorrechte und wurde deshalb sehr ernst genommen. Die übernatürlichen Tierwesen in den

Oben: Zeremonielle Wappenhüte wurden aus massiven Holzblöcken geschnitzt. Der Tlingit-Mörderwalhut hat Perlmuttschmuck, menschliches Haar und Seeotterzähne. Ebenfalls aus Alaska, entweder von den Tlingit oder den Kaigani-Haida, stammt dieser Adlerhut, der eine ausgezeichnet geschlossene Form hat.

Oben links: Eine menschliche Figur in fötaler Position mit herausragenden oder freiliegenden Rippen, eine für die Nordwestküste typische Kunstrichtung. Vögel und ein Otter umrahmen diese Figur auf dem Cowichan-Spinnwirtel und repräsentieren übernatürliche Helfer des Webers. Solche Wirtel wurden nur von Gruppen der Küsten-Salish gebraucht und verhinderten, daß während des Spinnens die Wolle von der Spindel rutschte.

Links: Die größeren Tlingit-Häuser hatten einen bis zu einem Meter Tiefe ausgehobenen Fußboden und Türen, die über der Erdoberfläche standen. Eine stufenförmige Verschalung bot Raum zum Sitzen und war zum Schlafen und zur Vorratshaltung abgeteilt. Der geschnitzte Hauspfahl ist einer von zweien, die zusammen mit einem ähnlichen Paar auf der anderen Hausseite die massiven Firstbalken stützen.

Rechte Seite: Als ursprünglich zeremonieller Eingang zum Hause des Haidzemerhs im Tsimshian-Dorf Kitmancool enthält dieser Totempfahl sowohl Wappen als auch Figuren von Vorfahren. Der Wolf als Hauptwappen des Pfahlbesitzers ragt deutlich hervor: Haidzemerhs und seine Familie waren Mitglieder des Wild-Reis-Clans im Unterstamm der Wölfe. Ganz oben auf dem Pfahl thront der Wander-Wolf mit dem Kopf zur Seite geneigt und dem Schwanz auf dem Rücken. Er wurde als Wappen erwählt, als ein Kind der Familie bei ihrer legendären Wanderung aus dem Oberlaufgebiet des Skeena getötet wurde. Darunter sieht man ein Andenken an Ligi-ralwil, Haidzemerhs Bruder, der von dem Wolf, dessen Schwanz er hält, entführt wurde. Darunter ist ein Spalt-Bär eingeschnitzt, eine besondere Form des Bärenwappens, das gerade zu dieser Familie gehört; seine Eingeweide quellen hervor, das aufgerollte Ende wird von einem anderen Wolf bedroht. Die Höhlung im Pfahl, genannt „Stelle-der-Öffnung" oder „Loch-durch-den-Himmel", wonach der Pfahl selbst benannt war, ist schließlich von zwölf kleinen menschlichen Figuren umrahmt. Leitern führten innerhalb und außerhalb des Hauses zu diesem Loch, so daß es bei Zeremonien benutzt werden konnte. Bei solchen Gelegenheiten war der normale Hauseingang überdeckt.

Geschichten sind als Totems bekannt und wurden in Form von Wappenpfählen geschnitzt und bemalt, um das Erbe des Ahnherrn darzustellen. Sie sind jedoch nicht Bildnisse eines Stammbaumes, der sich von einem Tier herleitet, wie dies sonst ein übliches Thema in den Legenden anderer nordamerikanischer Stämme ist.

Die wahrscheinlich bekannteste Form dieser Wappenpfähle ist der Totempfahl, der an der Nordwestküste einzigartig vorkommt. Der Begriff wird allgemein auf Pfähle mit einer Vielzahl von Funktionen angewandt. Man errichtete sie z. B. als Gedenkstätte für einen Familienstammbaum oder für besonders denkwürdige Ereignisse; sie dienten auch bei Begräbnisriten: Der Sarg eines verstorbenen Häuptlings ruhte dann ganz oben in einer Gabelung, oder die Asche des Häuptlings wurde in einer Höhlung des Totempfahls geborgen und aufbewahrt. Sie dienten auch als Pfosten bei Hauseingängen, wobei sie an der Basis ausgehöhlt wurden und sich so eine Türöffnung ergab. Einige Türpfosten der Kwakiutl waren ausgeklügelte Konstruktionen mit Türscharnieren. Man betrat z. B. das Haus durch eine große Schnitzerei oder aber einen Rabenschnabel, der sich dann hinter einem durch ein kompliziertes System von Gewichten und Seilzügen schloß. Auf allen Totempfählen gab es eine Menge Symbole. Bei den Tlingit z. B. hatte ein Pfahl einen Seelöwen als Figur auf der Spitze, das Wappen seines Eigentümers; darunter Raben, die seinen Unterstamm bezeichneten, und schließlich einen Frosch. Auf diese Weise wurde der Frosch geehrt, was mit einem Ereignis in der Clangeschichte zusammenhing. Eine Frau beleidigte eines dieser Tiere und wurde von den Froschleuten zur Strafe gefangengenommen. Als ihre Angehörigen sie befreiten, konnte sie keine menschliche Nahrung mehr zu sich nehmen und starb bald darauf. Die Frösche hatten ihre Macht gezeigt und wurden als Wappentier gewählt. Dadurch wollte man eine Wiederholung dieses Mißgeschickes in Zukunft verhindern.

Gewöhnlich stellte die oberste Figur eines Totempfahls die Herkunft des wichtigsten Besitzers des Hauses dar, während die unteren Figuren die Familie seiner Frau zeigten und Details aus der Familiengeschichte erzählten. Verschiedene andere Figuren waren persönliches Eigentum einzelner. Im Norden war das Wappen des Unterstammes ein weiteres Kennzeichen der Totempfähle. Da ein Stammbaum-Pfahl vor dem Hause seines Besitzers stand, konnte ein Fremder sofort erkennen, ob er mit diesen Familien verwandt war und ob er hier Nahrung und Unterkunft finden könnte.

Wappen waren aber nicht auf Totempfähle beschränkt, sondern wurden auf allem Möglichen angebracht. Geschnitzte, bemalte, oder gewobene Figuren kamen auf Kleidungsstücken, Decken, Kisten, Kellen, Fischhaken, Angeln, Waffen und Schmuckstükken vor. Alles, vom kleinsten Gebrauchsgegenstand bis zu einer ganzen Hausseite, konnte eine Totemfigur mit irgendeiner Bedeutung tragen; sie wurden prächtig geschnitzt, auf Hauspfosten gemalt, und die Haida tätowierten sie sogar auf ihre Körper. Ganz gleich auf welchem Gegenstand sie angebracht waren, wiesen sie auf Vorrechte hin, die eng mit der sozialen Stellung des Eigentümers verbunden waren.

Die führenden Mitglieder der Sippen, die wir Adelige nennen können, waren jene, deren Familien das Recht hatten, die meisten und wichtigsten Privilegien zu vererben. Familien ohne solche Rechte, die Gemeinen, rangierten an niedrigerer Stelle der sozialen Skala. Trotzdem gab es viele Rangabstufungen in beiden Klassen, da fast alle Positionen nur von einzelnen eingenommen wurden. Es war sogar möglich, daß die jüngsten Mitglieder einer adeligen Familie den Status eines Gemeinen einnehmen mußten, wenn die höheren Positionen schon von den älteren Geschwistern besetzt waren. Gleichzeitig wurden bestimmte Berufe, wie Holzschnitzen und Kanubau sehr respektiert und durften nur von Gemeinen vererbt werden, was deren sozialen Stand erhöhte. So konnte es in Sippen fast gleich viele Rangabstufungen wie einzelne Mitglieder geben; folglich konnten die Begriffe Adelige und Gemeine zu Mißverständnissen führen (es gibt keinen gleichwertigen Begriff für die indianischen Wörter), da man eine Unterscheidung nicht genau treffen konnte.

Viele Gruppen hatten einen besonderen Namen für das ranghöchste Mitglied der bedeutendsten Familie. Dieser Titel kann mit Häuptling übersetzt werden. Weil Entscheidungen nur nach einer Diskussion mit den Häuptern der verschiedenen Familien der Sippe getroffen wurden, war die Macht des Häuptlings nur nominell. Er hatte aber bessere Beziehungen zu anderen führenden Familien und nahm eine hervorragende Stellung ein, als Vertreter seiner Gruppen zu fungieren. Folglich verbrachte er viel Zeit mit sozialen Verpflichtungen und hing von der wirtschaftlichen und geistigen Unterstützung seiner Sippe ab. Er versicherte sich ihres Wohlwollens durch häufige Feste und Geschenke, und sein Status beruhte auf seiner Großzügigkeit.

Im Hause der Sippe lebten auch Sklaven, die nach John Jewitt:

> „ihren wertvollsten Besitz bildeten. Sie waren beiderlei Geschlechts; entweder Gefangene aus Kämpfen oder von benachbarten Stämmen gekauft, und lebten im selben Haus... (Sie) wurden gewöhnlich milde behandelt, aßen dieselbe Nahrung und lebten so gut wie ihre Herren" (John Jewitt, *Erzählungen*).

Jewitt berichtet über die Nootka, aber seine Beschreibung trifft auf die gesamte Nordwestküste zu. Viele Sklaven wurden als Kinder gefangengenommen und von der Sippe erzogen, so daß sie nichts anderes als Sklaverei kannten und nur in der Sprache ihrer Herren redeten. Obwohl sie in vielem genau wie jeder andere lebten, bestand der Hauptunterschied darin, daß sie niemals als Familienmitglieder betrachtet wurden. Als Eigentum, nicht aber wegen ihrer Leistungen, waren sie ein wichtiges Symbol des Reichtums. Eigentlich waren sie wirtschaftlich eine ebensolche Belastung wie ein Vorteil, weil ihre Leistungen selten höher waren als ihre Bedürfnisse. Ihre eigentliche Bedeutung lag in dem Status, den sie einem Häuptling einbrachten, weil er wohlhabend sein mußte, um viele Sklaven zu halten. Der alte Häuptling Shakes der Tlingit soll über 70 Sklaven gehabt haben, und man sagt, daß einige von diesen wiederum Sklaven hielten. Jewitt bemerkt, „Maquinna hatte in seinem Hause ungefähr 50 Männer und Frauen, eine Zahl, die fast die Hälfte der Hausbewohner ausmachte" (*Erzählungen*).

Eine andere Seite der Sklaverei war das Lösegeld, und Leute von hohem Rang wurden oft aus diesem Grunde gefangengenommen. Die Abwertung des Standes zu einem materiellen Wert war eine Schande, die nur durch die Zahlung von Waren abgewaschen werden konnte. Sogar wenn ein Gefangener oder eine Gefangene gewaltsam befreit wurden, mußten noch Sachwerte verteilt werden, um den Makel zu tilgen. Eine ungewöhnlich hohe Zahlung konnte bewirken, daß der Makel völlig in Vergessenheit geriet. Damit wurde außerdem angedeutet, daß der Status des Gefangenen wesentlich höher war als seine Entführer vermutet hatten. So etwas erhöhte in den Augen anderer seine und seiner Familie Wertschätzung. Wenn seine eigene Sippe nicht in der Lage war, das Lösegeld zu bezahlen, wurde sein Clan mitbetroffen, denn die Schande fiel auch, wenngleich in geringerem Ausmaße, auf ihn. Es stand aber dem, der jemanden gefangengenommen hatte, frei, dessen Namen anzunehmen, statt ihn freizulassen. Dazu war er ohnehin berechtigt, wenn das Lösegeld nicht bezahlt wurde. Dies war dann die höchste Beleidigung. Wann immer der Name erwähnt wurde, würden sich alle daran erinnern, wie er in den Besitz der anderen Gruppe gelangte oder daß die Familie des Gefangenen nicht in der Lage war, ihn auszulösen. Die Schande wurde durch Vererbung des Namens über Generationen weitergetragen.

Ein Tsimshian-Häuptling, der Schande über eine andere Familie bringen wollte, stellte dort einen Heiratsantrag. Sein Wunsch wurde erfüllt, aber gleich nach der Zeremonie verkaufte er seine Frau als Sklavin an die Tlingit. Damit war ihre Familie dazu gezwungen, Lösegeld für ihre Befreiung zu bezahlen. Als er zum zweiten Mal um ihre Hand anhielt, wagte ihre Familie nicht, ihn abzulehnen, da sie seine mächtigen Verwandten kannte. So wurde die Frau erneut als Sklavin verkauft und aufgrund einer Lösegeldzahlung freigelassen. Er heiratete und verkaufte sie ein drittes Mal, aber bis dahin hatte ihre Familie schon ihre gesamte Habe ausgegeben und war nicht mehr in der Lage, ihre Befreiung zu erwirken. Die Frau blieb Sklavin, ihre Familie verlor an Ansehen, und dieses Ereignis wurde eine ewige Schande ihrer Familiengeschichte.

Standesüberlegungen spielten in vielerlei Hinsicht eine bedeutende Rolle im Leben an der Nordwestküste. Sie waren der entscheidende Faktor bei Eheschließungen. Das Stigma, nicht standesgemäß zu heiraten, verhinderte normalerweise, daß ein Gemeiner in eine adelige Familie einheiratete, und es war unwahrscheinlich, daß solche Ehepaare von der Gesellschaft akzeptiert wurden. Die Familien bemühten sich deshalb darum, möglichst passende Partner zu verheiraten. Weil eine Sippe, der Qualität der Partnerschaft entsprechend, Ansehen gewinnen oder verlieren konnte, wurden die Ehen Adeliger mit Rücksicht auf die gesamte Verwandtschaftsgruppe geschlossen.

Einige der stärkeren Adeligen versuchten, ihre Macht zu erweitern, indem sie Heiratsanträge an andere mächtige Gruppen, die ziemlich weit entfernt waren, stellten. Dabei konnten sie ihren Einfluß über ein größeres Gebiet ausdehnen. Gleichzeitig wurde angedeutet, daß sie keinen geeigneten Ehepartner von passendem Rang in der näheren Umgebung finden konnten. Wichtig während der Ehezeremonie war ein Austausch kostbarer Wertgegenstände, des Brautpreises, die die Eheschließung beglaubigten und den jeweiligen Reichtum der Familien bezeugten.

Linke Seite: Ein typischer runder und aufrechter Grabmahl-Pfahl mit dem Haida-Adler. Ein Salabusch hat sich in diesem Pfahl im Dorfe Skeedan angesiedelt und wird wahrscheinlich den Holzkern aufweichen, bis der Pfahl endlich umkippt.

Unten: Heiratsverbindungen sind auf diesem Ausschnitt eines Haida-Pfahls vom Dorfe Ninstints dargestellt. Das Wappen eines Raben-Clans – ein Bär mit einem Jungen zwischen den Ohren – ist die Hauptfigur; aus dem Mund des Bären schlüpft ein Frosch, das Wappen der Adler. Darunter ist wahrscheinlich wieder ein Wolf dargestellt, ein weiteres Wappen der Raben.

Diese Vereinbarungen konnten aber sehr heikel und schwierig werden, wenn der Tausch entweder bezüglich der Sachwerte oder des Ansehens nicht ebenbürtig war. Bei einigen Kwakiutl-Gemeinschaften z. B. konnte eine Frau Privilegien vererben, die normalerweise den Männern vorbehalten waren; da sie aber bei ihrem Manne wohnte, war es möglich, daß ihre Familie mehr verlor als gewann. Um dies zu vermeiden, wurden falsche Ehen geschlossen, mit z. B. dem Fuß eines Verwandten, um dieses Privileg in der Familengruppe zu halten. Zu diesem Zweck wurden Ehen zwischen sehr nahe verwandten Partnern geschlossen.

Unter normalen Umständen wurden die Formalitäten (nach längerer Absprache mit der Verwandtschaft der Frau) von der Familie des Bräutigams eingeleitet. Sie veranstaltete ein Fest, bei dem sie laut die Qualitäten ihres Sohnes pries. Die Haida mißbilligten es, wenn die Familie des Bräutigams solche Lobreden hielt. Sie verherrlichten die Tugenden der Braut. Darauf erwiderten ihre Verwandten mit Bedauern, sie sei leider unfähig, einen Haushalt zu führen oder anderen fraulichen Verpflichtungen nachzukommen; sie würden jedoch darauf vertrauen, daß ihr die zukünftige Schwiegermutter alles beibringen könnte. Nach den Reden wurden Familiengeschichten erzählt, man rühmte sich der eigenen Privilegien und verteilte Geschenke an die Verwandten der Braut. Diese Verteilung war ganz wichtig bei Familien mit einem gewissen Rang. Gemeine konnten sich zwecks Unterstützung an ihren Sippenhäuptling wenden, damit sie die für eine kleinere Zeremonie nötigen Dinge erhielten. Familien in höherem Rang waren freigebiger bei den Festen und übersandten manchmal in besonderen Hochzeitskanus Geschenke an die Brautfamilie.

Bei den Nootka war es Sitte, die Hochzeitsgeschenke drei- oder viermal zurückzuweisen. Die Ablehnung erfolgte nach den Reden, die einen ganzen Tag dauern konnten, was infolgedessen bedeutete, daß die Artikel mehrmals zwischen dem Ufer und dem Haus der Brautfamilie hin und her getragen werden mußten. Dieser Brauch zeigte den sozialen Stand der Familie an, indem sie keine Eile zeigte, ihre Tochter so schnell zu verheiraten, weil ihre Schönheit, ihre Tugend und ihr Rang sicherlich viele andere Freier reizen würden. Je höher ihre soziale Position, desto häufiger fühlten sie sich verpflichtet, die Angebote abzulehnen.

Nur die Tlingit machten keine Gegengeschenke für den Brautpreis, da die Familie der Braut diese Geschenke als Ersatz für den Verlust eines ihrer Familienmitglieder betrachtete. Bei allen anderen Gruppen hingegen gehörte der Austausch von Geschenken einfach dazu. Kwakiutl-Stämme betrachteten den Brautpreis als Wettbewerb und machten wertvollere Gegengeschenke, da ja die Frau nun „umsonst im Hause ihres Mannes wohnt“. Der Mann mußte nun wiederum eine Zahlung leisten, um ihren Status zu erhalten. Diese Tauschereien wurden während der ganzen Ehe eines Paares fortgesetzt, und zwar bei besonderen Ereignissen, wie etwa der Namensgebung eines Kindes.

Als Gegengeschenk für den Brautpreis seiner Tochter spendete der Kwakiutl-Häuptling Lagius 600 Decken, 400 Silberarmbänder, 60 Stück Kopfschmuck, einige Kisten Messingarmbänder, Perlen, Schalen und Kästchen, die mit Seeotterzähnen geschmückt waren. Dies war sein Beitrag zu den Kosten für einen „Kupfer“ (eine zeremonielle Schmuckplatte), der 14500 Decken wert war. Lagius' Anteil am Kauf dieses Kupfers wurde zum Wert von über 4000 Decken berechnet, was einer Rückerstattung von beinahe 40% des Brautpreises entspricht. Die Geschenke übergab er seinem Schwiegersohn, als sein Enkelkind im Alter von drei Jahren seinen Namen Lagius erhielt.

Wenn eine Rückzahlung für unangemessen gehalten wurde, verursachte dies ernste Streitigkeiten, denn das drückte Zweifel aus an der Anerkennung des Standes, der direkt mit dem Wert des Brautpreises verbunden war. Der Schwiegersohn konnte die Sachen nur innerhalb seiner Familie verteilen und damit andeuten, daß eine so unbefriedigende Menge nicht weiter an die Dorfgruppen verteilt werden könnte, was üblicherweise der Fall war. Verspätete Zahlungen wurden nicht geduldet, weil das so aussah, als wäre die andere Familie zu arm und eine weitere Verbindung nicht lohnend. Ein Kwakiutl-Ehemann schnitzte ein hölzernes Abbild seiner Frau und warf es, mit einem schweren Stein um den Hals, von der Spitze der Kliffs in die See, als Zeichen des Entsetzens über ihre Familie, die nicht rechtzeitig bezahlt hatte. Die Frau war natürlich nicht bereit, dieses Benehmen zu dulden, und verließ ihn.

Manche Adeligen hatten mehrere Ehefrauen, wobei sie in ansehnlicher Weise ihren Reichtum zur Schau stellten, da sie für jede Frau einen hohen Brautpreis bezahlen mußten. Als Ideal galt, wenn die zweite Frau die jüngere Schwester der ersten war, weil man

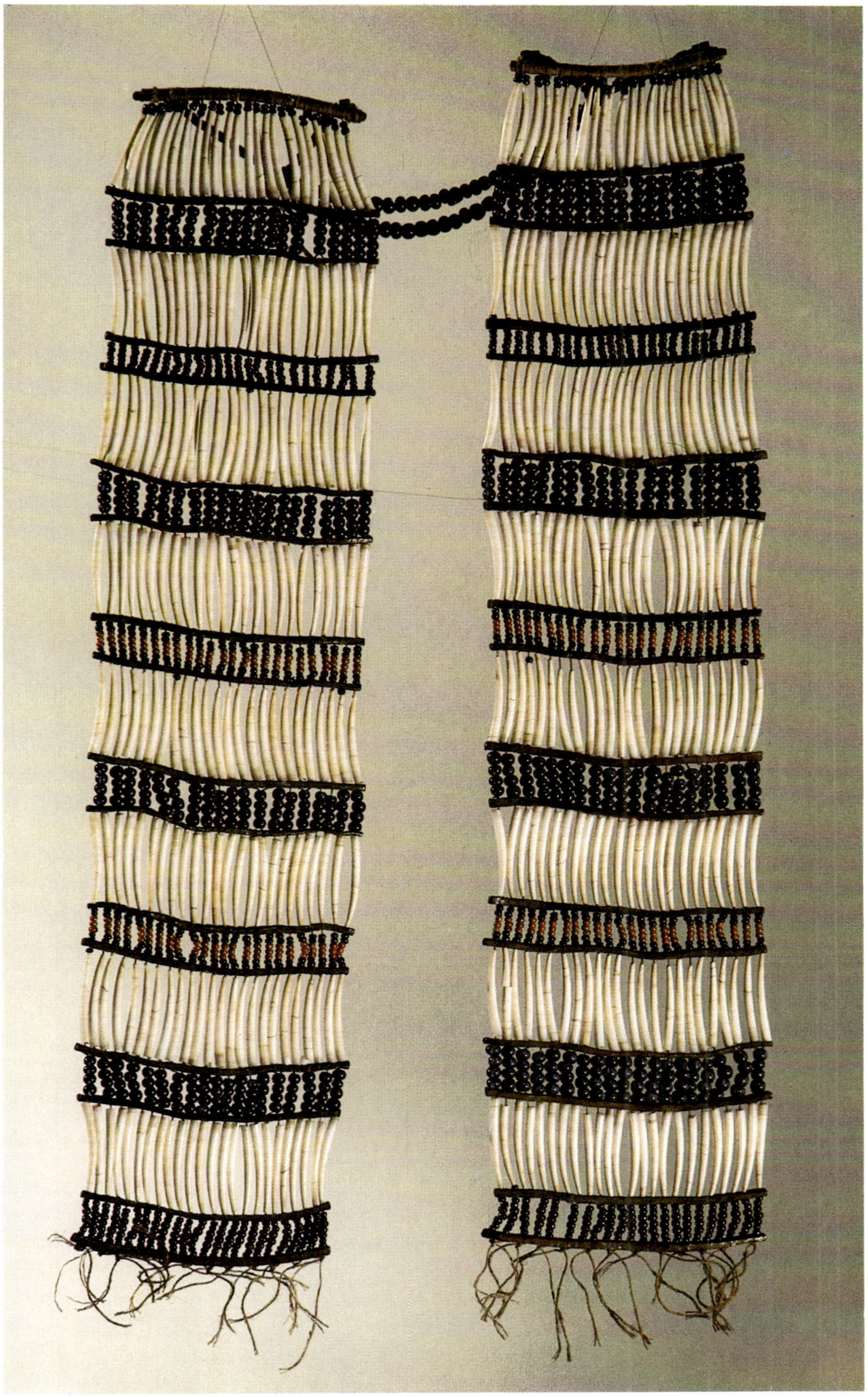

Ganz links: Der Kampf Mann gegen Mann an der Nordwestküste führte dazu, daß die meisten Waffen die Form von Keulen oder Dolchen hatten. Obwohl in vorgeschichtlicher Zeit weder Eisen noch Stahl gebraucht wurden, waren sie seit den ersten Kontakten mit Weißen sehr gefragt. Jagdmesser, Bajonette und Stahlfeile wurden von bestimmten Stämmen im Norden in Dolche umgearbeitet, und Eisenrohlinge, die demselben Zweck dienten, wurden schnell eine begehrte Handelsware. Dieses schön gefertigte Stück aus Kupfer und Eisen zeigt im Profil einen Bärenkopf und wird den Haida zugeschrieben.

Links: Zähne oder „Stoßzahnschalen" wurden von den Nootka im tiefen Küstenwasser gesammelt und als Handelsware sehr geschätzt. Hier sind sie als Haarschmuck für junge Mädchen zusammen mit Glasperlen aufgefädelt. Das Vorrecht, solche Art Schmuck zu besitzen, war auf bestimmte Häuptlinge beschränkt; deshalb mußte jeder, der sie tragen wollte, dem Inhaber des Privilegs eine Bezahlung in Form eines Geschenks leisten. Sie wurden je nach Status der Benützerin zwei bis zehn Monate getragen. Ihr Ablegen wurde mit einem Fest und einem Potlatch kundgetan, wonach das Mädchen für heiratsfähig erachtet wurde.

Rechts: Bei den Tlingit wurden geschnitzte und bemalte Zedernbretter mit Bildern aus der Abstammungsgeschichte und über die soziale Stellung der Bewohner an die Pfosten genagelt, die die Dachbalken stützten. Auf dem Bild sieht man sehr deutlich die beiden ins Holz geschnittenen Befestigungslöcher. Diese Bretter für die Inneneinrichtung wurden stets in Vierersätzen angefertigt, die ähnliche Zeichnungen trugen, aber die Geschichte der Hausgemeinschaft unter verschiedenen Gesichtspunkten darstellten.

Ganz rechts: Zeremonielle Robe eines Kaigani-Haida-Häuptlings für besondere Gelegenheiten. Für die Figur des Doppeladlers und zur Ausschmückung der schwarzen Decke der Hudson-Bay-Kompanie wurde roter Stoff verwendet. Die Verzierung wird durch eine Doppelreihe Perlknöpfe unterstrichen; demselben Zweck dienen in der Mittelfigur Zähne und Perlmuttstücke. Obwohl für frühe Decken dieser Art Muscheln benutzt wurden, ist die große Masse der Decken mit Knöpfen abgesetzt, daher ihr allgemeiner Name „Knopfdecken".

annahm, Blutsverwandte würden besser miteinander auskommen. Aber aus den meisten Ehen in Polygamie wurden Streitereien bekannt, besonders wenn die Frauen verschiedene Rangstufen einnahmen. Eine erste Frau mit hohem Rang könnte es ihrem Mann übelnehmen, wenn er Umgang mit einer „gemeinen Frau" hatte, und besonders wenn diese jünger und reizvoller war als sie. Eine Reihe von zweiten Frauen waren durch Erbschaft dazugekommen, da dem rechtlichen Nachfolger eines Verstorbenen auch die Verantwortung für dessen Frau und Kinder zufiel. Eine Eheschließung mit Sklavinnen war verboten, obwohl diese manchmal als Konkubinen gehalten wurden. Bei den Tlingit jedoch hatten Frauen wichtige Stammespositionen inne, und manchmal hatten sie mehrere Ehemänner.

Bei der Wahl des Ehepartners waren die Adeligen offensichtlich die am meisten eingeschränkte Klasse. Wenn ein wichtiger Grund, wie Stammesbeziehungen oder Prestige beachtet werden mußte, wurde auf die persönlichen Wünsche der Partner nur wenig Rücksicht genommen. Konkubinen und Polygamie legen die Vermutung nahe, daß der adlige Ehemann und seine Frau sich nicht immer sehr gut verstanden. Die Gemeinen hatten bei ihrer Wahl weit größere Freiheit, wobei die Wünsche der Söhne und Töchter berücksichtigt und viele Ehen aus Liebe geschlossen wurden. Häufig wandte man sogar Liebeszauber und Liebestränke an. Sie sollten das junge Mädchen in den jungen Mann, der sie anbetete, verliebt machen oder vielleicht seine ernsten Absichten den Eltern gegenüber verdeutlichen. Geheimformeln für „Widmungen" auf Ohren, Augen, Händen und Kopf des Mädchens waren ein Brauch der Salish, damit sie weder hören noch sehen, noch fühlen oder denken konnte, ohne an ihren Verehrer erinnert zu werden.

Der begrenzte Spielraum, der den Adeligen zur Verfügung stand, macht häufige Scheidungen und Ehestreite wahrscheinlich. Eine Scheidung war einfach, sie erforderte meist nur den Umzug in ein anderes Haus. Sie konnte aber auch zu Beleidigung und Schande führen, besonders wenn eine der Parteien dabei an Ansehen verlor. Da die Geburt eines Erben von entscheidender Wichtigkeit war, wurde die Scheidung meist bei Unfruchtbarkeit der Frau vollzogen, wobei dann oft eine Schwester ihre Stelle einnahm.

Ein Mann konnte seine untreue Frau nach eigenem Gutdünken bestrafen, aber sie genoß den Schutz ihrer Sippe, und er mußte aufpassen, diese nicht zu Gegenmaßnahmen herauszufordern, da sie das Unrecht einer schlechten Behandlung vergalten. Die Sippe konnte sich im Namen der Frau auch einschalten, wenn ihr Mann den Ehebruch begangen hatte. Ansonsten aber blieb der Frau als einzige Möglichkeit, ihren Mann zu verlassen, wobei sie alle persönlichen Hochzeitsgeschenke und die kleinen Kinder mitnehmen konnte. Obwohl solche Meinungsverschiedenheiten oft durch eine Zahlung an die gekränkte Partei beigelegt wurden, war die übliche Reaktion eine heftige Entrüstung, die jedoch bald vergessen war.

Es gab viele Kulturen, die Reichtum als ein Mittel zum Erwerb von Ansehen betrachteten, aber nur wenige maßen ihm eine solche Bedeutung bei wie die Indianer der Nordwestküste. Ihr grundlegendes Ziel war dabei nicht – oder nur indirekt – ein Horten und Anhäufen von Werten; das hätte keinen Vorteil gebracht. Einziges Bestreben war es, dem erreichten Ansehen durch gezeigte Mißachtung für materielle Belange zu dienen. Je mehr materiellen Reichtum man verteilen konnte, desto größer war offensichtlich die Mißachtung dafür, und um so höher war folglich der Status. Theoretisch erbten die Kinder, je nach Regelung der Erbfolge, ihren Status allein von einem Elternteil, und die erhaltenen Privilegien bestimmten ihren sozialen Stand. Diese Vorrechte waren so persönlich, daß die Salish es als Rechtsverletzung auffaßten, über die Privilegien eines anderen auch nur zu sprechen. Privilegien bildeten eine besondere Art von Besitz, der nicht weggegeben, wohl aber unter bestimmten Umständen übertragen werden konnte, um den Verbleib in einer bestimmten Stammfolge zu gewährleisten. Dem Recht zur Ausübung der Privilegien mußte durch Geschenke Geltung verschafft werden; deshalb war materieller Reichtum wichtig, wenn man seine persönliche Stellung in der Gemeinschaft behaupten wollte.

Für verschiedene Arten von Besitz gab es komplizierte Vereinbarungen über das Eigentumsrecht. Dies galt besonders in solchen Fällen, wenn eine Frau ihn für ihren ältesten Sohn verwaltete, der ihn bei seiner Volljährigkeit erben sollte. Manche Gegenstände hatten namentlich festgelegte Besitzer, wie z. B. einen Sippenführer, gehörten aber dennoch der ganzen Gemeinschaft und wurden in den Besitz des neuen Führers übertragen, sobald dieser sein Amt antrat. Stamm, Clan, Sippe und jeder einzelne hatten eigenen Besitz. Gemeinschaftseigentum, das von der ganzen Gruppe in Anspruch genommen wurde, gliederte sich in eine wirtschaftliche und eine religiöse Kategorie:

die Sippe besaß profane Güter, während der Clan religiöse Rechte und Ausrüstungsgegenstände in Verwahrung hielt. Häufig war die Sippe zugleich aber auch die örtliche Clangruppe, und so war es leicht möglich, daß aller Besitz von derselben Verwandtschaftsgruppe verwaltet wurde. Dies aber betraf nur einen bestimmten Teilbereich des Gemeinschaftseigentums, wie etwa das Recht auf eine bestimmte Tanzordnung, oder das Recht für einige Männer, einen ganz bestimmten Beruf, etwa die Robbenjagd, auszuüben.

Dem einzelnen gehörte alles, was er anfertigte oder für sich brauchte, gewöhnlich also Waffen und Kleidung. Handgefertigte Gewehre, die den Indianern verkauft worden waren, gehörten zunächst der Gruppe. Als sie immer mehr in Gebrauch kamen, ging der Besitz auf einzelne über. Letzteres war eine andere Art Eigenbesitz und hatte sogar einen humorigen Aspekt. Einige weiße Händler hielten die Indianer für unehrlich, da sie oftmals das Fell des Rotfuchses zur Steigerung seines Wertes schwarz färbten oder ähnliche Tricks anwandten. Um dem entgegenzutreten, statteten sie sie mit Empfehlungsschreiben aus, die sie anderen Händlern vorzeigen sollten, mit denen sie Kontakt aufnahmen. Im Glauben, diese Schreiben enthielten Schmeicheleien, betrachteten die Indianer sie als persönlichen Besitz und stellten sie ebenso zur Schau wie die anderen Privilegien, die sie besaßen. Die Briefe enthielten natürlich Komplimente wie: „Dieser Indianer ist der größte Lügner und Betrüger in Alaska." Sogar wenn der Besitzer den wahren Inhalt gekannt hätte, ist es sehr wahrscheinlich, daß er sich damit gerühmt hätte, nur um zu zeigen, daß er von dem Händler als wichtig genug erachtet worden war, über ihn zu schreiben.

Der Stamm selbst besaß strenggenommen nichts, hauptsächlich weil er aus so vielen Unterstämmen bestand. Aber da Clan- und Sippenterritorien das Stammesgebiet bildeten, konnten alle nicht abgegrenzten Areale in diesem Gebiet als Stammesbesitz gelten. Wichtige Ernährungsquellen, die Hauptfischgründe z. B., fielen unter die Gerichtsbarkeit verschiedener Familien, die sie auf gemeinschaftlicher Basis nutzten und betrieben; aber nach wie vor hatte man den Eindruck, daß sie Eigentum des Stammes wären.

Eigennamen bildeten eine abstraktere Art von Besitz, waren aber trotzdem sehr eng an die Eigentumsgesetze geknüpft. Bei Erreichen der Pubertät nahm man einen neuen Erwachsenennamen an, der der Familie gehörte und der später von einem anderen Familienmitglied getragen werden konnte. Dies erklärt, warum viele aufeinanderfolgende Häuptlinge unter demselben Namen bekannt wurden. Zeremonielle Namen wurden in verschiedenen Lebensabschnitten verliehen, und die bedeutenderen Leute konnten wahrscheinlich eine beträchtliche Anzahl davon auf sich vereinigen. Viele waren augenblickliche Titel, die die Stellung im Clan oder in der Gemeinschaft auswiesen. Winternamen unterschieden sich häufig von solchen, die im Sommer gebraucht wurden. Einige Namen, die mit Privilegien verbunden waren, mußten durch Geschenke für gültig erklärt werden.

Die reichen Geschenke zur Anerkennung dieser Titel wurden bei Festlichkeiten verteilt – die Überreichung selbst ist als „Potlatch" bekannt –, oft verbunden mit dem Ersuchen um einen bestimmten Status. Solche Feste waren unter den südlichen Kwakiutl am meisten verbreitet; oft veranstaltete man sie nur, um einen Rivalen herauszufordern. In die Konkurrenz zwischen Sippenanführern wurde jeder einbezogen. Ein Häuptling, der zum Oberhäuptling aufstieg, hob auch den Status seiner Sippe über den Status einer anderen, der ein ähnlicher Anspruch auf einen hohen Titel fehlte. Sogar innerhalb einer einzigen Häuptlingsschaft gab es Abstufungen und infolgedessen auch eine Rangfolge der Sippen.

Da einige dieser Feste beträchtliche Reichtümer verschlangen, war es notwendig, Anleihen aufzunehmen. Im allgemeinen wurden die Waren von der örtlichen Gruppe bereitgestellt, die am meisten Status gewinnen wollte. Sie konnten bei Bedarf aber auch vom eigenen oder von verwandten Clans ausgeliehen werden. Anleihen wurden mit Zinsen zurückbezahlt, die von Gruppe zu Gruppe variierten, und nach einem Währungsmaßstab bemessen waren (seit dem Ende des 19. Jahrhunderts galt die Decke der Hudson-Bay-Company als Maßstab).

Es entwickelte sich ein Kreditsystem, bei dem kleine Stöcke die Verschuldung anzeigten. Der Umfang geliehener Ware überstieg zu jeder Zeit beträchtlich den der tatsächlich vorhandenen. Das Ausmaß dieser Anleihen wird durch folgendes Beispiel bei den Kwakiutl deutlich, die Geborgtes mit 100% Aufschlag zurückbezahlten: in einem Dorf mit 150 Einwohnern gab es tatsächlich 400 Decken; die Anzahl geliehener Dekken belief sich aber auf 75 000! Auf diese Weise konnte eine Sippe niemals in Not kommen, wenn sie alles weggab, denn die weggegebenen Dinge waren ein Überschuß an wirt-

Links: Charles Edenshaw, der berühmteste Holzschnitzer der Haida, machte diese Krippe (unten) für eine seiner Töchter. Seine Frau flocht die Fichtenwurzelkrippe (oben), und da stets die Männer die Bilder malten, ist es wahrscheinlich, daß er für die Bemalung des Wappens verantwortlich ist. Weil die Haida die mütterliche Erbfolge hatten, erscheint Frau Edenshaws Hunde-Hai-Wappen auf beiden Krippen.

Unten: Ein Beispiel funktioneller Formgebung: Die skulpturierte menschliche Figur mit Pfeil und Bogen verbessert die Ausgewogenheit dieses Haida-Malpinsels. Er hat schräg abgeschnittene Borsten, um dem Künstler ein Zeichnen breiter und schmaler Linien zu gestatten.

schaftlichen Gütern und sollten keinem anderen Zweck dienen. Bei den Verteilungen wurden die Privilegien der Gäste oder ihre Symbole zur Schau gestellt und das Recht auf ihren Besitz gefestigt; Titel wurden bekannt gegeben, die Geschichte der Familie aufgesagt, Lieder und Tänze aufgeführt und Totems der Gruppe vorangetragen.

In vieler Hinsicht diente diese Statuskonkurrenz als Aggressionsersatz. Bis auf Sklavenjagd und Fehden zur Tilgung eines Unrechts gab es wenig Kämpfe unter den Gruppen, und sogar im Falle einer Fehde wurde die Angelegenheit oft durch eine Entschädigung beigelegt. Ein angemessener Sachbetrag mußte bezahlt werden, um die Verluste der beleidigten Partei zu ersetzen. Solche Ersatzleistungen gab es besonders bei den Kwakiutl, bei denen viele Arten von Festen und des Geschenkaustausches, einschließlich der Hochzeitszeremonien, mit Begriffen aus der Kriegersprache belegt wurden. Eine ihrer Redensarten war: „Wir kämpfen nicht mit Waffen, wir kämpfen mit Besitz."

Unten: Biber in sitzender Stellung auf dem Ausschnitt eines Frontpfahls in einem Haida-Haus. Die hervorstehenden Schneidezähne sind sehr augenfällig, ebenso sein aufrechter, kreuzweise schraffierter Schwanz, der mit einem menschlichen Gesicht geschmückt ist.

Rechte Seite: Wappen der Tsimshian mit zwei Ungeheuern. Auf diesem Pfahlausschnitt sind Fabelwesen mit menschlichen Attributen zu sehen. Oben sieht man eine „Spalt-Leiche", darunter „Nase-wie-Coho" (eine Art Lachs). Dieser Pfahl war der größte im Dorfe Gitenmaks (Hazelton) und stand vor dem Potlatch-Haus.

Potlatch

Linke Seite: Bei Zeremonien im Norden versicherte man sich des Wohlwollens anderer durch Verstreuen heiliger Daunenfedern des weißen Adlers. Die Daunen waren im Inneren der Potlatch-Ringe am Hut verborgen und wurden durch die ruckartigen Bewegungen des Tänzers herausgeschleudert. Acht dieser Ringe sind über dem Helmschmuck dieses hölzernen Tanzhutes befestigt und künden von acht erfolgreichen Potlatchen. Das Wappen stellt wahrscheinlich einen Wolf dar, obwohl es auch ein Bär sein könnte.

Der Ausdruck Potlatch kommt vom Chinook-Wort „patshatl", was soviel heißt wie weggeben. Potlatche waren soziale Ereignisse von großer Bedeutung, wobei Eigentum verteilt wurde zum Zeichen dafür, daß jemand eine bestimmte soziale Stellung weiterhin einnehmen konnte. Ihre Form war von Stamm zu Stamm verschieden. Der eigentliche Grund war aber überall derselbe. Er bestand in dem, was der Indianer der Nordwestküste am meisten schätzte: seinen sozialen Status. Immer dann, wenn jemand einen Erbschaftstitel oder ein Vorrecht beanspruchte und dies besonders beteuern wollte, wurden Potlatche abgehalten, oft auch nur von Vater oder Großvater im Namen des Kindes. In diesen Fällen übertrugen die Älteren die soziale Verantwortung auf die jüngere Generation, und mit den Privilegien ging ein Namenstausch einher, wie er in folgendem Auszug aus einer Potlatch-Rede angekündigt wird: „Seht mich an! Seht meinen Sohn an! Ihr sollt mich nicht wegen meiner Taten Häuptling nennen, sondern nennt meinen Sohn Häuptling, weil ich es für ihn tue. Ich arbeite für ihn." (Boas, *Soziale Organisation*)

Die Bedeutung des übertragenen Privilegs wurde in Stapeln von Decken gemessen. Vor Einführung der Handelswaren wurden diese aus Zedernrinde und Hundehaar oder sogar Tierhäuten und Fell gemacht. Der Tod eines Tieres war in indianischer Vorstellung mit geistigen Kräften verbunden, die dem Namen innewohnen sollten. Symbolisiert wurde dies durch die Überreichung des Fells im Austausch gegen einen Titel. Die Tiere waren sozusagen von der physischen Welt befreit worden und konnten direkten Kontakt zur geistigen aufnehmen. Der Tod des Tieres verhalf dem Privileg, das mit seinem Namen verbunden war, zu neuem Leben. Im übertragenen Sinn konnte dieses Prinzip auf jeden bei Potlatch-Festen verschenkten Besitz angewandt werden.

Die am häufigsten abgehaltenen Potlatche waren Feste in kleinem Rahmen, bei denen Gemeine oder Adelige niederen Ranges persönliche Ereignisse feierten. Aber auch diese Feste waren äußerst verschwenderisch. Sie rankten sich um die Rivalität hochgestellter Familien und schlossen die Teilnahme zahlreicher anderer Stämme ein. Ausgefallendste Geschenke ehrten diese großen Namen – 30000 Decken wurden bei einem Potlatch im 19. Jahrhundert verschenkt – und spiegelten den Charakter der Vorfahren des Bewerbers wider, wie er in ihren Potlatch-Überlieferungen dargestellt war. Dies wurde nirgends deutlicher als bei den Potlatchen, die man beim Eintritt in einen Geheimbund abhielt und bei denen bedeutende zeremonielle Vorrechte und Namen übertragen wurden. Sie hatten aggressiven Charakter, der die Potlatche bei mancher Gelegenheit zu wahren Wettkämpfen werden ließ, besonders bei den Kwakiutl auf dem nördlichen Teil der Insel Vancouver. Man kann dies folgender Rede und Gegenrede entnehmen:

> „Freunde, ihr kennt alle meinen Namen. Ihr kennt meinen Vater und wißt, was er mit seinem Besitz gemacht hat. Er verschenkte oder tötete seine Sklaven; er verschenkte oder verbrannte seine Kanus im Feuer des Festhauses; er verschenkte Seeotterfelle an seine Rivalen im eigenen Stamm oder an Häuptlinge anderer Stämme, oder er zerschnitt sie zu kleinen Stücken. Ihr wißt, was ich sage, ist die Wahrheit. Dies, mein Sohn, ist der Weg, den dein Vater dir vorzeichnete und den du einschlagen sollst. Dein Vater war kein Gemeiner; er war ein echter Häuptling. Handle wie dein Vater. Zerreiße diese Knopfdecken oder gib sie unseren rivalisierenden Stämmen."
>
> „Hast du gehört, was Deine Tante sagte? Ich will mich nicht von dem Weg, den mein Vater mir wies, abwenden. Ich will nicht das Gesetz brechen, das mein Häuptling mir auferlegte. Ich werde diese Knopfdecken meinen Feinden geben. Der Krieg, den wir nun haben, ist schön und ernst." (Boas, *Soziale Organisation*)

Da die Gegner verpflichtet waren, einen gleichen oder größeren Wert zu zerstören oder zu verteilen, um ihren Status beizubehalten, konnte man eine solche Herausforderung nicht zurückweisen, ohne Schande auf sich zu laden. Das aber ließ der Stolz nicht zu. Leute, die bei einer Verteilung Gaben erhielten, anerkannten damit den Anspruch ihrer Gastgeber, so daß ein bedeutendes Anliegen eine große Zuhörerschaft als Zeugen erforderte. Verwandte Stämme, die einige Tagereisen entfernt wohnten, wurden Monate zuvor eingeladen. Das Potlatch-Fest begann mit deren zeremonieller Ankunft beim Gastgeber.

Die Besucher des Kwakiutl-Potlatches warteten in ihren Zeremonienkanus außer Sichtweite des Dorfes hinter einer Landzunge, bis alle eingeladenen Stämme eingetroffen waren. Dann näherten sie sich dem Dorf gemeinsam in einer Linie, Seite an Seite, und wandten eine bestimmte Paddelart an, um die Bewegungen des Kanus synchron mit dem Gesang seiner Mannschaften zu halten. Der Paddelschlag paßte zu den Silben ihres Kanuliedes:

Aw, ha ya ha ya hä
ha ya he ya ä
he ya ha ya ä
A, ha ya ha ya hä
aw, ha ya he ya hä
he ya ha ya hei
ya hä
hä hä wo wo wo.
(Boas, *Primitive Kunst*)

Ein Kanu jedes Clans mit einem Tänzer, der am Bug stand und das Totem seines Clans zeigte, kam, gefolgt von den anderen, dichter an das Ufer heran. Das Paddeln wurde mit den Neigungen und Wendungen des Tänzers langsamer und brach dann ab. Die Leute in den Booten standen in einer Reihe. Sie schlugen mit erhobenen bemalten Paddeln heftig auf das Dollbord ihrer Kanus. Der Tänzer Grizzly-Bär-vor-der-Tür-des-Hauses-des-Menschenverschlingers-am-Nordende-der-Welt begann maskiert und vollständig mit einem Bärenfell bedeckt kraftvoll zu tanzen, wobei er mit seinen Armen die Bewegungen des Bären nachahmte und sich zuerst zur einen, dann zur anderen Seite wandte. Obwohl seine Füße bewegungslos blieben, sah es aus, als ob er aufspringen würde, wenn er sich aus einer gebückten Haltung hochreckte.

Links: Im Vergleich zu dem überladenen Schmuck einiger Kunstrichtungen des Nordens waren die Schnitzereien der Küsten-Salish relativ einfach und leicht verständlich. Immerhin scheint die flache Reliefschnitzerei eines „Donnervogels" auf diesem Spinnwirtel ein Vorläufer der stilisierteren Bestandteile nördlichen Zierates zu sein.

Unten: Die Tapferkeit eines Häuptlings wurde hervorgehoben durch die Galionsfigur auf seinem Kriegskanu. Diese breit ausgelegten Kanus waren auf Fassungsvermögen und Stabilität konzipiert und wurden zum Transport von Menschen und Proviant benutzt; sie trugen Krieger in die Schlacht, transportierten aber auch Fracht bei Handelsexpeditionen. Ihre Bauart machte sie für die zeremonielle Ankunft bei einem Potlatch hervorragend geeignet.

Auf einem anderen Kanu streckte der Adler-Tänzer seine Arme seitwärts aus und schlug horizontal mit den Schwingen seines Federkostüms. Seine Bewegungen waren lang und würdevoll, gleich denen eines Adlers im Fluge, was die heftigen ruckartigen Bewegungen des Bären um so ekstatischer erscheinen ließ. Verschiedene andere Gestalten tanzten bei den übrigen Clans, so daß die Zugehörigkeit der Bootsbesatzungen leicht aus dem Gehabe und den Kostümen ihrer Tänzer erkannt werden konnte.

Obwohl mit dieser Art des Näherkommens der Gastgeber geehrt werden sollte – sie brachte zum Ausdruck, daß seine Gäste ihn dieser Aufführung für würdig hielten –, war sie ebenso eine Selbstverherrlichung und garantierte, daß die in den Tänzen dargestellten Vorrechte nicht übersehen werden konnten. Dieses Anliegen lag allen Vorgängen zugrunde: Status wurde dadurch erlangt, daß man seine Überlegenheit gegenüber den Gästen bewies, die als Konkurrenten zu betrachten waren. Konkurrenzkampf mit einem scheinbar minderwertigen Rivalen brachte wenig Prestige.

Auf dem Ufer herrschten Aufregung und Durcheinander, wenn sich die Leute in Erwartung der ankommenden Gäste zusammendrängten. Manche wateten durch das seichte Wasser, um Verwandte und alte Freunde in den Kanus zu begrüßen, deren Mannschaften im Gleichtakt mit den Tänzern ihre Paddel rhythmisch zusammenschlugen. Die Familie des Gastgebers schickte Gruppen junger Männer zu den wichtigen Gästen, um sie an Land zu tragen, während geschnitzte und bemalte Kisten voll zeremoniellen Zubehörs unter Stoßen, Schreien und Hänseleien ausgeladen wurden.

Nachdem alle ausgestiegen waren, wurden die Gäste – die immer noch sangen und tanzten – hinauf zum Festhaus geführt. Ein zentrales Feuer brannte darin so hoch, daß

die Funken durch das Rauchloch stoben. Dieses Feuer bildete den Mittelpunkt für Ausstellung und Verteilung der Potlatch-Wertsachen; die Gasthäuptlinge saßen hinter dem Feuer auf einer erhöhten Plattform vor dem Wandschirm, von wo sie die beste Aussicht über das Geschehen hatten. Die Plätze waren entsprechend der sozialen Stellung verteilt. Es war höchst beleidigend, einem Gast einen entsprechend seiner Rangstufe untergeordneten Sitz zuzuweisen. Ein solcher Fehler konnte eine Fehde beschleunigen. Manchmal wurden die Gäste absichtlich durch einen falschen Platz gedemütigt, wenn jemand ihren Stand nicht anerkennen wollte. Ein Affront dieser Art konnte jedoch nicht widerspruchslos hingenommen werden.

Die anderen Gäste fanden irgendwo an den Seiten des Hauses Platz, während der Clan des Gastgebers sich um den Hauseingang scharte. Vor allem weiteren Geschehen hielt der Gastgeber eine formelle Willkommensansprache, bei der er die Bedeutung des Potlatches erklärte und auf die Privilegien hinwies, die herausgestellt werden sollten.

Reden waren während der ganzen Vorgänge von Wichtigkeit und wurden gewöhnlich auf eine Art vorgetragen, die die Überlegenheit des Redners hervorheben und seine Rivalen erniedrigen sollte. Es war fast so, als ob der die höchste Ehre erringen würde, der die größte Beleidigung aussprach. Die Reden begannen mit der Aufzählung der verschiedenen Namen, unter denen der Redner bekannt war; je mehr er für sich in Anspruch nehmen konnte, um so mehr wurde er geachtet, da jeder Name auf einem vorhergehenden Potlatch für gültig erklärt werden mußte. Normalerweise wurde eine Beleidigung hinzugefügt, die Zweifel auf die Abstammung eines Rivalen warf:

> „Das ist der einzige Grund, warum ich lache, der Grund, warum ich immer über den lache, der hier und dort herumschaut, der von seinen Vorfahren behauptet, sie seien Häuptlinge gewesen.
>
> Die Kleinen, die keine Häuptlinge als Vorfahren haben, die Kleinen, die keinen Namen von ihren Vätern ererbt haben, die den Fehler begangen haben, von unwichtigen Enden der Welt zu kommen (und die durch den Wettbewerb des Potlatches versuchen, zu höheren Positionen aufzusteigen).

Ganz links: Künstlerisch mit Wappenzeichen geschnitzte und mit Einlegearbeit versehene Kisten dienten zur Aufbewahrung des wertvollsten Familienbesitzes, der übernatürlichen Schätze. Es waren Schmuckstücke, Pfeifen usw., die zu den ererbten Tänzen gehörten. Viele Mythen nehmen Bezug auf einen Vorfahren, dem eine solche Schatztruhe von den „Übernatürlichen", mit denen er Kontakt hatte, übergeben worden war. Im Falle dieser „Teleskop"-Kiste ist der Deckel etwas größer, so daß er paßgerecht über das Kistenunterteil einschnappt. Die Verzierung ist eine Einlegearbeit aus Perlmutt und Seeschnecken-Opercula.

Links: Diese große Maske auf einem Holzgestell wurde im Jahre 1885 im Tsimshian-Dorf Kispiox am Skeena-Fluß geschnitzt. Sie wurde, festgeschnallt auf dem Rücken, vom offiziellen Vertreter der Familie der „Falken" getragen. Die Falken besaßen das Vorrecht, das zeremonielle Feuer im Festhaus anzuzünden, indem lange getrocknete Zedernkienspäne entfacht wurden, die man dann zu den anderen Häusern des Dorfes trug.

> Das ist der einzige Grund, warum ich lache, der Grund, weshalb ich immer über das Gerede dieser Kleinen lache, über die Häuptlinge, die (im Rang) weit unter unserem Häuptling und (unserem) Stamm stehen." (Boas, *Ethnologie der Kwakiutl*)

Der Gegner hatte Gelegenheit zur Widerrede und versuchte, die Position seines Gegenspielers zu untergraben, indem er von ihm als „altem Hund" (Nichtsnutziger Kreatur) oder Aufschneider sprach:

> „Was wird mein Feind noch sagen – dieses Spinnenweib; was wird er vorgeben, als nächstes zu tun? Wird er sich nicht rühmen, viele Kanus wegzugeben, Kupfer zu zerbrechen, Bärenfettreste zu verschenken? Das werden die Worte dieses Spinnenweibs sein, und deshalb ist dein Gesicht vertrocknet und schimmelig. Du wirst wie ein alter Hund aussehen. Dies sei Dir ins Gesicht geworfen, Dir, den ich immer versucht habe zu überwinden. Du Häuptling, den sogar jeder Schwächling versucht zu besiegen." (Boas, *Soziale Organisation*)

Eine andere Art der Entgegnung war Trotz. Sein Gesicht mit einer Decke verhüllt drehte sich der Gasthäuptling um und starrte zur Wand, und sein ganzer Stamm folgte seinem Beispiel. Ihr verdrossenes Benehmen zeigte ihre Enttäuschung, keinen gleichwertigen Gegner getroffen zu haben. Daraufhin verhöhnte sie der Gastgeber so lange, bis sie seine Herausforderungen ihres großen Namens würdig fanden.

Der Konkurrenzcharakter des Potlatches lag in dem Bestreben des Gastgebers, seinen Gästen Schande und Unbehagen zu bereiten, während sie versuchten, diese seine Absicht zu vereiteln. Im Laufe der ersten drei „zeremoniellen" Tage (die Ereignisse erstreckten sich in einer bestimmten Abfolge über vier „Tage". Allerdings war „Tag" hier ein willkürlicher Begriff und bezog sich nicht auf den Zeitraum von 24 Stunden; er konnte, je nach Bedeutung des Potlatches, länger oder kürzer sein) wurde der Status eines Stammes behauptet, indem man traditionelle Ereignisse aus der Familiengeschichte wieder aufführte. Auch wenn es keine geschriebenen Berichte gab, waren sich die einzelnen dennoch ihrer Abstammungsgeschichte und ihres Stammbaumes sehr wohl bewußt. Viele Indianer konnten ganz genau die Eheverbindungen über mehrere Generationen verfolgen – theoretisch bis zur Erschaffung ihrer Welt!

Nicht nur, daß die einzelnen ihre eigenen Familiengeschichten sorgsam verfolgten, die Zuhörer, die diese Ereignisse bezeugten, achteten auch sehr genau auf ihre Richtigkeit, und es ist unwahrscheinlich, daß unbegründete Ansprüche auf einen Titel unwidersprochen durchgegangen wären. Erzählungen über die Herkunft wurden als persönlicher Besitz eingestuft; jede Geschichte gehörte zu einem bestimmten Clan oder zu einer Familie und konnte deshalb als Teil des Vermögens der Gruppe tänzerisch aufgeführt werden. Die Tänzer personifizierten mythologische Charaktere – wie Yaganelala, einen Wal, der als einer der Ahnenhäuptlinge galt, oder Grouse, den Kanubauer, der der erste auf der Welt war, der bei einem Potlatch Kanus verschenkte.

Im besonderen achtete man auf die geschichtlichen Ereignisse, die mit der Annahme von ererbten privilegierten Namen verbunden waren. Diese hatten natürlich eine ungeheure Bedeutung, da sie die Verbindung zwischen mächtigen Familien erklärten. Sie waren nicht immer besonders rühmliche Ereignisse aus der Geschichte, aber man trug

Ganz links: *Schönheit und Vollkommenheit waren die Ziele, um die sich Haida-Künstler in ihren Werken bemühten. Das durchscheinende Horn des Bergschafes wurde sehr geschätzt für die Herstellung von Schalen, Ölkrügen und Tellern, denn sein Wert wurde durch die Patina ständigen Gebrauchs noch gesteigert. Bei dieser Schale hat es der Künstler verstanden, die Verzierung der Form des Objekts anzupassen; das fischähnliche Wesen ist so geschnitzt, daß sein Rücken mit der menschlichen Figur darauf den Boden der Schale bildet.*

Links: Eine ganz augenfällige Doppelbedeutung liegt in dieser Holzschüssel der Haida, denn sie stellt sowohl einen Wal wie einen Adler dar. Blickt man auf den Kopf des Wals (rechts), sieht man deutlich die zurückschwingende Brustflosse. Denkt man sich aber den Walkopf weg, wird aus der Flosse der anmutige Aufschlag einer Adlerschwinge. Die Doppelnatur Flosse-Flügel ist offensichtlich bewußt dargestellt.

sie vor, um die Überlegenheit des Clans oder der Familie zu unterstreichen. Eine ziemlich typische Rede, in der zahlreiche Heiratsverbindungen mit verschiedenen Stämmen aufgeführt wurden, schloß mit folgenden Worten:

> „Deshalb habe ich viele verschiedene Namen, weil der Häuptling, die Wurzel meiner Familie, in andere Stämme eingeheiratet hat.
>
> Deshalb besitze ich viele Namen und Privilegien; und deshalb habe ich viele Vorfahren als Häuptlinge überall auf der Welt; und deshalb will ich lachen über das, was die anderen Häuptlinge sagen, wenn sie behaupten, von dem Häuptling, meinem Ahnen, abzustammen.
>
> Die Häuptlinge, meine Vorfahren, gingen eheliche Verbindungen ein mit Häuptlingsfamilien überall auf unserer Welt. Dies haben die Vorfahren der niederen Häuptlinge nicht gemacht; wer reicht an die Taten der Häuptlinge meiner Vorfahren heran?" (Boas, *Ethnologie der Kwakiutl*)

Sein Anspruch auf einen Status über dem seiner Rivalen, der „niederen Häuptlinge", wurde ganz deutlich ausgedrückt, mußte aber Einwände überstehen, wenn er irgendwelche Bedeutung erlangen wollte. Gerade die Geschichte, aus der obiger Abschnitt zitiert wurde, gibt einen Überblick über 23 Generationen.

Während der Vorreden wurden Eßwettbewerbe abgehalten. Der Gastgeber wählte bestimmte Gäste, die er beschämen wollte, und setzte ihnen große Schüsseln mit Lebensmitteln vor mit der Aufforderung: „Eßt nun, soviel ihr könnt, und eßt das Ganze." Die Schüsseln waren Erbstücke der Familie, das zeremonielle Hausgeschirr, das Namen wie Tsanoga, Biber, Wolf oder Grizzlybär trug und dessen einzelne Stücke aus besonders ausgewählten Zedernholzstücken geschnitzt waren. Jedes hatte seine eigene Geschichte mit besiegten Häuptlingen, die den Inhalt einfach nicht aufessen konnten.

Manchmal wurden riesenhafte Schüsseln oder sogar Kanus voll mit Lebensmitteln vor eine Mannschaft des gegnerischen Clans hingestellt. Oftmals kletterten die Mitglieder dieser Mannschaft in die Schüssel, um Fischöl, mit Beeren vermischt, mit den Händen aufzuschaufeln. Es gab keine Regeln, daß nicht andere Clanmitglieder, auch gegen ihren Willen, zur Hilfe gerufen werden konnten, um das Ansehen des Clans verteidigen zu helfen.

Es ist klar, daß der Gastgeber mehr als die benötigte Menge Lebensmittel zur Verfügung stellen mußte und daß durch ein Überangebot sein Reichtum zur Schau gestellt wurde. Diese Unmengen wurden auf eine übertriebene Weise verschwendet, um „seinen Namen groß zu machen". Die Verschwendung wurde besonders während des „Fettfestes" des Potlatches noch gesteigert, wenn wertvolles Eulachon-Öl ins Feuer gegossen oder aus dem Munde einer Schnitzfigur, dem „Ausspeier", der am Dachbalken befestigt war, gleichmäßig in die Flammen getröpfelt wurde.

Der Gasthäuptling mußte neben dem glühenden Feuer sitzen, ohne irgendwelches Unbehagen zeigen zu dürfen, selbst wenn seine Decke zu schwelen anfangen sollte. Manchmal zog er die Decke hoch, um sein Gesicht zu bedecken, oder lag auf dem Bauch am Boden. Damit zeigte er seinen Groll darüber, daß ihm nur ein so harmloses Feuer geboten wurde. Anschließend sang er ein beleidigendes Lied, um zu zeigen, wie wenig er von dem bemitleidenswerten Streben seines Gastgebers hielt:

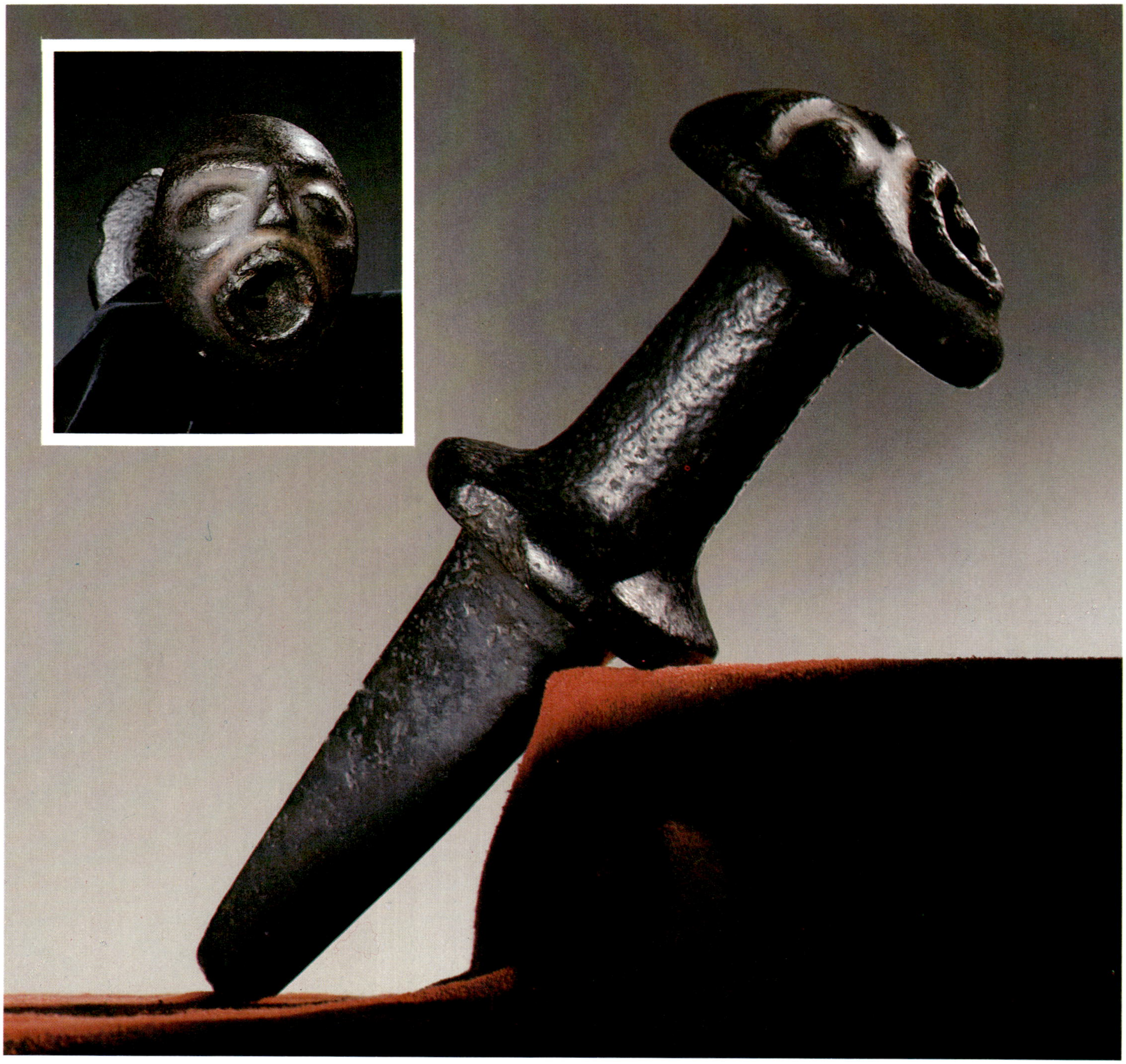

„Ich dachte, ein anderer hätte dieses rauchige Wetter verursacht! Ich bin der einzige auf der Erde – der einzige auf der Welt –, der den dichten Rauch von Anfang bis Ende des Jahres aufsteigen läßt für die Gaststämme.“ (Boas, *Soziale Organisation*)

Das Lied nimmt natürlich Bezug auf den schwarzen Rauch brennenden Öls und auf die Fettfeste der Potlatche, die er selbst finanziert hatte.

Ein erboster Gastgeber schöpfte mehr Öl nach und schickte möglicherweise Sklaven aus, um ein Kanu in vier Stücke zu brechen, die er in die Flammen warf. Sein Gast rächte sich, indem er nach Decken schickte, um die Flammen zu ersticken. Der Stapel ölgetränkter Sachen brannte manchmal so hoch, daß die Dachbalken versengt wurden und Feuer fingen. Aber keiner der Häuptlinge achtete darauf, weil sie sich nicht die Schwäche geben wollten, auf solche materiellen Dinge besonders zu achten. Der gastgebende Häuptling, der das Recht hatte, die Flammen zu löschen, wartete gewöhnlich einige Zeit, bevor er etwas unternahm, um größeren Schaden zu verhindern. Indianererzählungen, die von Hausbränden berichten, bei denen die Bewohner sich nicht um die Flammen gekümmert haben sollen, sind wahrscheinlich übertrieben.

In anderen Fällen wurde der Gast lächerlich gemacht, indem man ein Holzbildnis von ihm neben das Feuer stellte, das während des ganzen Festes unterhalten wurde. Die Figur zeigte ihn in gequälter Haltung, wie er versucht, sich vor der Hitze zu schützen. Der Gast beschämte seinen Gegner aber mit einer heftigen Beleidigung, wenn es ihm gelang, die Feuerprobe mit dem brennenden Fett auszuhalten und dann unbekümmert von den erlöschenden Flammen wegzugehen.

Besonders typisch am Potlatch – und darauf ist in der Tat der Name zurückzuführen – war das „Verschenken". Bei einem Potlatch der südlichen Kwakiutl fand es am vierten „Tag" statt und war Bestandteil einer längeren Reihe immer wiederkehrender Anlässe, bei denen Verpflichtungen rückbezahlt und immer wieder neue Schulden gemacht wurden. Wertsachen, die man bei Potlatchen verschenkte, wurden jedes Mal zurückgegeben, wenn der vorhergehende Empfänger selber ein Potlatch hielt. Aber oft versuchte dieser, mehr auszuteilen und dadurch seinen Rivalen in die Position eines Schuldners zu zwingen. Dieser nächste Empfänger stand dann natürlich unter Druck, die Sachen zu einem späteren Zeitpunkt zurückzuerstatten, um wieder in gutem Rufe zu stehen.

In einer Ansprache spornte der Häuptling seinen Clan an, sich gemeinsam um eine Anhäufung von Besitz zu bemühen, um seine Ehre – und folglich die des Haushalts – zu festigen. In diesen Reden verglich er seine Rivalen mit „unermeßlichen Bergen von Besitz" oder warnte vor der drohenden Gefahr „von ihrem Eigentum, das in Strömen aus ihnen fließt, überschwemmt zu werden". Er spendete selber einen Beitrag und verlangte alle unbeglichenen Schulden von seinen Verwandten zurück. Nach den einleitenden Tänzen und Wettbewerben wurden die Geschenkwaren, die hinter einem Wandschirm oder in anderen Häusern gelagert worden waren, in die Mitte des Festhauses gebracht und aufgestapelt, während ein Rechnungsführer ihre Werte ausrief. Die Absicht war, eine möglichst eindrucksvolle Ausstellung zu zeigen. Wenn man den Erzählungen glauben darf, sollen manchmal die Dachbretter entfernt worden sein, damit man Platz bekam für die Stapel.

Mitglieder der gastgebenden Familie, die mit Wappenzeichen geschmückte und mit Perlmutt verzierte Knopfdecken trugen, brachten ihre Geschenke erst zu den wichtigsten Gästen; die in den höchsten Rangstufen bekamen das meiste. Jedem Gast wurde irgend etwas geschenkt, selbst wenn es nur ein abgerissenes Streifchen von einer Decke war als Zeichen, daß er dem Verschenken beigewohnt hatte. Ob ein Potlatch erfolgreich war, wurde durch Abstimmung entschieden. Jeder achtete deshalb ganz genau auf die ausgeteilten Geschenke und verglich den gesamten Wert mit dem vergangener Potlatche.

Größeren Ruhm erreichte man, wenn man Besitz vernichtete, weil dann nichts zu gewinnen war in Form einer Rückgabe. Obwohl diese Sitte äußerst vorteilhaft war, da sie alle Schulden tilgte und die Konkurrenten in eine entscheidend minderwertigere Position versetzte, gab es nur selten mutwillige Vernichtung sämtlicher Vorräte der Gruppe. Möglicherweise wurden einige Decken und Felle zerrissen und ein Kanu zerbrochen; manchmal wurde ein Sklave mit einem besonderen Steindolch – einem „Sklaventöter" – getötet, aber häufiger wurde ihm seine Freiheit geschenkt. Maßlosigkeit wurde in der Regel durch wirtschaftliche Überlegungen gezügelt und von anderen Clanmitgliedern in Grenzen gehalten. Sie wollten ihr Recht auf die Rückgabe ihres Einsatzes nicht aufgeben. Trotzdem wurden ungeheuere Werte durch das „Töten" der Kupfer verloren.

Kupfer waren schild-ähnliche Schmuckplatten. Sie waren aus gediegenem Kupfer gehauen (später durch europäisches Kupferblech ersetzt), das die Tlingit und Tsimshian durch Handel mit den Athabascan-Stämmen aus dem nördlichen Binnenland erwarben. Die Platten trugen Wappenfiguren, die man in einen Überzug aus schwarzem Blei eingraviert. Als Symbole des Reichtums wurde ihr Wert, als sie zum letzten Mal den Besitzer wechselten, mit Tausenden von Decken bemessen. Oft wiesen ihre Namen auf ihren Wert hin: z. B. Mach-das-Haus-leer-von-Decken (da sie für den Erwerb der Platte gebraucht wurden).

Diese Schmuckplatten wurden während der Potlatch-Feste feierlich gekauft. Man gewann an Ansehen, indem man z. B. 6000 Decken für einen Kupfer bezahlte, der vorher 5000 Decken gekostet hatte. Der Verkäufer mußte die Einnahmen dann in seinem eigenen Stamm verteilen. Später wurden diese Verhältnisse umgedreht, und die Stammesmitglieder, die vorher Geschenke bekommen hatten, wurden gebeten, einen Beitrag zum neuen Preis zu leisten. Dies ist natürlich sehr vereinfacht. Selbst nachdem der Preis festgelegt war, konnte der Käufer noch sagen: „Meinst du, das wäre alles, was ich mir

Links: Schwere steinerne Dolche wie dieser „Sklaventöter" könnten bei seltenen Gelegenheiten benutzt worden sein, um bei den Kwakiutl Zeremonien-Sklaven rasch zu töten. In historischer Zeit wurden sie allerdings gebraucht, um Scheiben von Kupferplatten abzuschneiden. Ihr Aussehen gleicht dem der hölzernen Wirtel und Stahlwerkzeuge bei Kupferzeremonien. Das Gesicht mit einem durchbohrten kreisrunden Mund trägt Spuren roten Ockers, eines Sinnbilds für Blut, und läßt vermuten, daß dieses Stück mehr zeremoniellen als praktischen Nutzen hatte.

Unten: Während das Horn des Bergschafes für große Schöpfkellen und Schüsseln Verwendung fand, wurde das der Bergziege für kleinere individuelle Löffel wie diesen gebraucht. Griff und Löffelhöhlung sind getrennt hergestellt und dann zusammengenietet. Die zierliche Schnitzerei – ein Rabe und eine gekrümmte menschliche Gestalt – macht ihn zu einem wertvollen Geschenk für Gäste am Ende eines Potlatch-Festes, bei dem er gebraucht wurde.

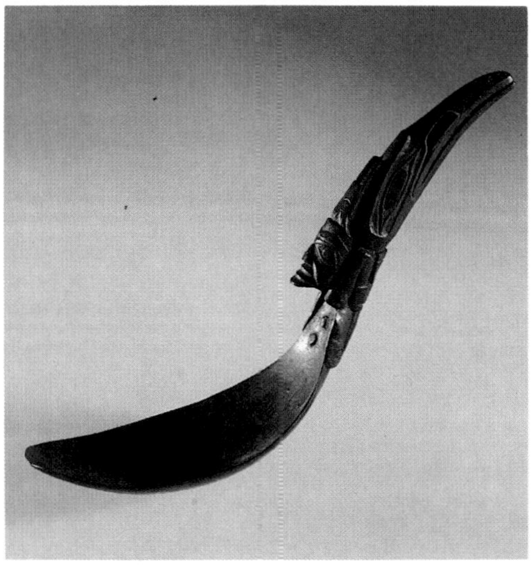

Oben: Als Zeichen des Reichtums wurden Kupferbänder oder -streifen häufig an Masken angebracht; aber es kam selten vor, daß eine ganze Maske aus diesem wertvollen Metall angefertigt wurde. Dieses Stück wurde 1879 auf den Queen-Charlotte-Inseln ausgegraben und stellt vermutlich eine Haida-Arbeit dar.

Unten rechts: Kupferne Schmuckplatten dienten als Zeichen des Wohlstands und zeigten dort, wo sie ausgestellt waren, den Wert der Menge von Decken an, die bei einem Potlatch weggeschenkt worden waren. Wenn sie bei mehreren Potlatchen prahlerisch zur Schau gestellt wurden, konnten diese „Kupfer" bei den südlichen Kwakiutl den Wert von mehreren tausend Decken erreichen. Die meisten hatten Namen und waren mit Wappenfiguren verziert. Die Schneidezähne und der schuppige Schwanz des Bibers kennzeichnen das Wappen auf diesem Haida-Kupfer.

Oben rechts: Während des späten 19. Jahrhunderts verursachte eine Abnahme der Bevölkerung, zusammen mit steigendem Reichtum, ein Anwachsen der Statusrivalitäten bei den südlichen Kwakiutl. Der Besitz eines wertvollen Kupfers konnte nicht länger Prestige sichern; folglich wurden einige Kupfer zerschnitten und die Stücke einem Rivalen gegeben, der sie und die in diesem Vorgang liegende Demütigung annehmen mußte. Man erkennt deutlich den unregelmäßigen, mit einem steinernen „Sklaventöter" oder einem Kupfer-Schneidewerkzeug mit breiter Klinge ausgeführten Schnitt an der rechten Kante dieses Stückes.

leisten kann? Hier sind 300 Decken zusätzlich zu denen, die ich schon bezahlt habe." Auf diese Weise versuchte er, ein Symbol zu kaufen, das dem Wert seiner eigenen Selbsteinschätzung vergleichbar war.

Jedes Mal, wenn ein Kupfer verkauft wurde, stieg sein Wert, genau wie das Prestige, das bei einem Potlatch mit seiner Verwendung verbunden war. Der Name eines Häuptlings wurde um so „gewichtiger", je wertvoller der Kupfer war, den er erwarb. Sogar die Aufbewahrung eines Kupfers in einer Familie brachte diesem Hause Ehre ein – man „stöhnte unter dem Gewicht, das der Name des Kupfers hatte" – und steigerte dadurch das eigene Ansehen.

Kupfer konnten in vielerlei Weisen „getötet" werden: bei Fettfesten durch Aufstellen am Feuer, durch rituelles Zerschlagen, durch „Zerbrechen" oder dadurch, daß man sie in die See schleuderte. Das Recht, Kupfer zu „zerbrechen" oder zu „töten", war auf bestimmte sehr ranghohe Häuptlinge und Familien beschränkt – die sich ihrer Leistungen ganz offen brüsteten:

> „Nichts befriedigt Dich; aber manchmal traf ich Dich so hart, daß Du um Gnade batest. Dies war, als ich die großen Kupfer „Wolke" und „Beschämer", meinen großen Besitz, und die großen Kupfer „Häuptling" und „Mörderwal" und einige weitere namens „Spitze der Insel" und „Der Gefürchtete" und „Biber" zerbrach." (Boas, *Soziale Organisation*)

Das Zerbrechen erfolgte nach einem streng festgelegten Ritual und erforderte fünf Potlatche, da der Kupfer in fünf Stücke zerschnitten wurde und diese feierlich den üblicherweise fünf verschiedenen Rivalen überreicht werden mußten. (Wenn sie alle demselben Rivalen überreicht wurden, war der Kupfer getötet). Dies focht den Status des Gegners an, und er mußte gleichziehen, indem er einen ebenbürtigen Kupfer zerbrach. Fürchterliche Schande erntete er aber, wenn er das nicht konnte, und man weiß von Häuptlingen, die vor Sorge gestorben sind, weil sie einer solchen Herausforderung nicht gewachsen waren. Wenn der T-förmige Ständer des Kupfers beim fünften Potlatch weggegeben war, war das „Töten" vollendet.

Die verschiedenen Stücke konnten wieder gesammelt und zusammengefügt werden. Weil dies aber Potlatche mit Beteiligung der jeweiligen Familien erforderte, die die Teilstücke in Besitz hielten, hatte ein erneuerter Kupfer einen ungeheuer gestiegenen Wert. Er beruhte auf der Anzahl der Zeremonien, bei denen der Kupfer vorgezeigt worden war. Kupfer wurden nur dann unwiderruflich zerstört, wenn sie in der See „ertränkt" wurden; eine Handlung, die mit großer Ehre verbunden war.

Erstaunlicherweise verhinderte der Abtransport der Kupfer in Volkskundemuseen – in Folge des Indianergesetzes von 1880 – nicht, daß sie weiter bei Statuswettbewerben eingesetzt wurden. Die Indianer betrachteten sie zu Recht weiterhin als persönlichen Besitz reicher Geschlechter und verwendeten ihre Namen anstelle des wahren Gegenstandes. Das Recht auf diese Namen wurde weiterhin gekauft und getauscht. Die Entfernung beugte allerdings dem Zerbrechen und der Zerstörung vor, was vor dieser Zeit so sehr verbreitet war, daß nur wenige frühe Exemplare aus gediegenem Kupfer heute noch bestehen.

Potlatche aus reiner Konkurrenz erreichten unter den Kwakiutl auf dem nördlichen Ende der Insel Vancoucer (woher die vorhergehenden Beispiele stammen) ihre höchst entwickelte und übertriebene Form. Hauptsächlich die führenden Mitglieder entgegengesetzter Gruppen nahmen teil an den Zeremonien, die auch ziemliche moralische und finanzielle Unterstützung beanspruchten. Aber alle nördlichen Gruppen nahmen eine ähnliche Geisteshaltung ein, und alle hatten dieselbe ungewöhnliche Veranlagung zu persönlichem Stolz: ein Gemeiner legte genau den gleichen Wert auf ein paar Decken für seine Freunde, die bei dem Ohrdurchstechen seiner Tochter anwesend waren, wie der Häuptling, der einige Tausende Decken für einen Kupfer bezahlte.

Obschon die Kwakiutl ihre Potlatche in einer einzigartigen – und zwar extremen – äußeren Form ausübten, war der Grundcharakter in allen Gruppen doch gleich. Tlingit-Rivalität ähnelte, bis auf wenige Unterschiede, der der Kwakiutl. Eine der wichtigsten Besonderheiten war, daß der ganze örtliche Clan die Rolle des Gastgebers spielte, nicht nur ein Clan-Haushalt. Diese Zusammenarbeit ging so weit, daß ein Haus von niedrigerem Stand das Recht hatte, einen prestige-reichen Totem in Form eines Clan-Hutes von einem wichtigeren Haus seiner eigenen Gruppe auszuleihen, wenn es seinen Status erhöhen wollte. Diese Bitte konnte nicht abgeschlagen werden, vorausgesetzt, die Entleiher waren reich genug, den Rang des Totems aufrecht zu erhalten. Diese konischen geflochtenen Clan-Hüte hatten aufgemalte Wappensymbole, und jedes Mal, wenn ein Häuptling bei einem Potlatch einen solchen Hut trug, wurde oben noch ein Ring aus Zedernrinde befestigt – ein öffentliches Zeichen der Bedeutung des Clans. Jeder Hut hatte zwei Namen: seinen ständigen, wie Mörderwal-Hut, und einen anderen, der den Betrag widerspiegelte, den man verteilte, als der Hut zum letzten Mal vorgeführt wurde, wie Sklaven-Halb-um-den-Raum oder Zwei-Kupfer-von-Angesicht-zu-Angesicht. Die Ähnlichkeit zwischen diesen Namen und manchen, die den Kwakiutl-Kupfern gegeben wurden, ist nicht rein zufällig, denn die Hüte hatten den gleichen Prestigewert, obwohl sie nicht verkauft oder ausgetauscht wurden. Tlingit-Kupfer hatten andererseits verhältnismäßig niedrige, feste und genormte Werte.

Während der Austeil-Wettbewerbe bei den Tlingit bekamen nur die Häuptlinge gegnerischer Clans Geschenke, und größere Rückzahlungen waren nur dann erforderlich, wenn in den Potlatch Kupfer oder Sklaven einbezogen waren. Die für solche Anlässe benötigten Sklaven wurden unmittelbar vor der Zeremonie gekauft. Sie waren gewöhnlich von den Kwakiutl erworbene Salish, da diese so weit entfernt wohnten, daß es für sie unwahrscheinlich war, Verwandte in der näheren Umgebung zu haben, die hätten Einwände erheben können. Haushalts-Sklaven traten in keiner Weise in Erscheinung, nicht einmal als Diener während der Feste; weil Potlatch-Sklaven im allgemeinen befreit oder adoptiert wurden, war dies wirklich eine Methode, den Gegenwert ihres Einkaufspreises zu verschenken. Es war wichtig, daß diese Gaben an gegne-

rische Gruppen verteilt wurden, denn diese stellten die Arbeitskräfte bei Gedenk-Potlatchen, wenn neue Häuser gebaut oder Totempfähle errichtet wurden, und sie waren für alle Begräbnisvorbereitungen verantwortlich.

Die Tlingit veranstalteten Gedenk-Potlatche, bei denen die Titel und Privilegien des Toten auf einen Nachkommen übergingen. Sie wurden in einer Serie von vier Trauer- und vier Freudenfesten abgehalten, was insgesamt einen Zeitraum von sechs oder mehr Jahren in Anspruch nahm. Das erste Trauerfest galt der Aufbahrung und der Verbrennung des Toten. Die Dienerschaft wurde für ihre Hilfe, die im Entfernen der Hausbretter und im Heraustragen der Leiche bestand, mit Lebensmittel- und Tabakgeschenken bezahlt. Das Heraustragen geschah durch die Seite des Hauses, weil der Tote das Haus nicht durch die von den Lebenden benutzte Tür verlassen durfte. Das Gefolge mußte auch Holz sammeln für das Begräbnisfeuer und die Gebeine aus der Asche bergen, die dann in einem Kästchen im Gräberhaus aufbewahrt wurde. Die drei anderen Feste der Trauerserie waren Gelegenheiten, die Vorzüge des Hingeschiedenen zu verherrlichen und Ansprüche auf seinen Titel zu erheben. Dies war innerhalb eines Jahres abgeschlossen und erforderte die Weggabe einer Unmenge von Decken; man konnte jedoch nicht erwarten, sie zurückzuerhalten, und manchmal wurden sie zum Andenken in Streifen geschnitten. Den Abschluß der Trauerperiode zeigten Tänzer an, indem sie einige Minuten bewegungslos auf dem Boden knieten und dann mit ihren Tanzstäben aufwärts zum Loch für den Rauchabzug stießen, um „ihre Trauer zu vertreiben".

Es folgten Freudenfeste, manchmal erst mehrere Jahre später, die mit der Errichtung eines Denkmals verbunden waren. Dies konnte ein einfaches Grabmal sein oder ein größeres Werk, wie ein Hausbau. Alle diese Arbeiten verrichteten Mitglieder eines gegnerischen Clans und wurden mit Nahrung und Potlatch-Gaben entlohnt; ihre Häuptlinge, die keine körperliche Arbeit leisteten, sondern als Aufseher fungierten, wurden für ihre zeremoniellen Dienste bezahlt. Obwohl nichts von dem Besitz, der während dieser Festserien weggegeben wurde, zurückerstattet werden mußte, erfolgte eine Entschädigung mit Sicherheit dann, wenn die finanzierende Gruppe um ähnliche Dienstleistungen gebeten wurde. Der Potlatch war deshalb ein wirtschaftlicher Austausch, der die Stammessolidarität verstärkte und die Abhängigkeit innerhalb der Gruppen förderte, die bei anderen Gelegenheiten in offener Rivalität miteinander lagen.

Die Tsimshian hatten ganz ähnliche zeremonielle Festserien, häufig im Zusammenhang mit dem Wiederaufstellen eines alten Totempfahls, der wegen des feuchten Klimas und Bodens nach ungefähr fünfzig Jahren an der Basis durchgefault war. Wie bei allen Potlatchen war es wichtig, daß abermals die Geschichte erzählt wurde. Dies geschah in langen Reden, bei denen auch die Symbolik aller alten, dem Clan gehörenden Pfähle erklärt wurde. So wurde jede neue Generation auf einfache Weise unterrichtet.

Steinbildnisse wurden in einem mühevollen Prozeß hergestellt. Die Oberfläche wurde so lange behauen, bis die erwünschte Form erreicht war.
Oben: Tabakmörser der Haida.
Rechts: Steinmaske der Tsimshian.

Unten: An vielen Totempfählen der Haida waren an den Spitzen drei „Wächter" eingeschnitzt, von denen man sagte, sie würden bei aufkommender Gefahr Warnrufe ausstoßen. Diese Figuren trugen geringelte „Skil"-Hüte. Manchmal trug nur eine Figur einen „Taden-skil" (langen Hut) und zeigte damit an, daß hier ein bedeutender Häuptling dargestellt war; auf anderen Pfählen wurde die Figur von einem oder zwei kleineren Männern mit „Skil"-Hüten flankiert, um zu zeigen, daß dem Häuptling ein oder zwei Brüder nachfolgten.

Rechts: Ein kürzlich auf Skedans umgefallener Begräbnispfahl der Haida mit einem eingeschnitzten Bärenwappen. Er stand einstmals als Denkmal eines bedeutenden Mitglieds des Unterstammes der Raben.

Es wäre völlig abwegig, die vielen umgefallenen und verfaulten Pfähle bei alten indianischen Dörfern als Beweis für eine Nachlässigkeit zu deuten. Man gewann durch die Wiederherstellung eines alten Pfahls wenig Prestige, obwohl dies, im Wert von Potlatch-Geschenken ausgedrückt, genausoviel gekostet hätte wie das ehrenvolle Unternehmen, einen neuen Pfahl zu errichten. Deshalb wurden die alten Pfähle dem Verfall überlassen und ihre Symbole neu geschnitzt.

Weder die Tlingit noch die Tsimshian trieben ihre Potlatch-Feste zu weit. Obwohl mehrere kleine Potlatche in einem Jahr abgehalten werden konnten, fanden sie fast immer innerhalb einer Dorfgemeinschaft oder naheliegender Dörfer statt. Nur selten gab es Großveranstaltungen zwischen Stämmen, die bei den Kwakiutl wesentlich waren. In der Tat wurden nur die Feste für bedeutsam erachtet, die das Andenken an den Tod wichtiger Häuptlinge ehrten.

Der Haida-Häuptling borgte sich seine Potlatch-Waren von der Familie seiner Frau aus, deren Mitglieder zum gegnerischen Unterstamm gehören konnten. Diese Waren gab er weiter an die in seiner eigenen Gruppe führenden Häuptlinge – was eigentlich einen völligen Umschwung in den Sitten der meisten anderen Stämme zur Folge hatte. Nur bei besonderen Anlässen, wie dem Errichten eines Grabmals, bekamen die Gäste die größten Gaben, da sie die Pflicht hatten – wie bei den Tlingit –, als Arbeitskräfte zu fungieren. Eine Beurkundung der Potlatche erfolgte sehr augenfällig in der Form, daß man sie durch geschnitzte Ringe auf den Haida-Gedenkpfählen zur Schau stellte. Das machte den Status des Besitzers für jedermann offensichtlich.

Bei den Potlatchen der Nootka und Salish fehlte dieser Konkurrenzcharakter. Bei ihnen wurde soziales Ansehen durch gegenseitige Anerkennung der persönlichen Rechte erreicht. Trotzdem spielte der Potlatch eine wichtige Rolle bei jedem Wechsel der sozialen Verhältnisse. Die Veränderung mußte vor einer Gruppe von Gästen außerhalb des Familienkreises offiziell dargelegt werden. Wenn dabei eine schlechte Stimmung aufkam, so war dies eine große Schande, da es ein festliches und freundschaftliches Treffen sein sollte. Die Nootka erklärten ihre Einstellung mit dem Spruch: „Du könntest bei einem Potlatch nicht kämpfen oder streiten. Das würde deinem Kind einen schlechten Namen und Schande über deine ganze Familie bringen."

Die Gesinnung der Nootka kann mit der der Kwakiutl verglichen werden. Dazu ein Beispiel: Ein Gast wurde zu einem falschen Sitz geführt. Er blieb an dem Platz, um seinem Gastgeber die Verlegenheit zu ersparen, auch die anderen Gäste zu neuen Plätzen führen zu müssen. Trotzdem wollte er, daß sein richtiger Status von allen erkannt wird, und meldete den Fehler. Er entschuldigte sich, daß er den Irrtum öffentlich anzeigte, indem er seinem Gastgeber und einer oder zwei weiteren Personen ein Geschenk überreichte. Später wurde er als Empfänger für ein besonderes Geschenk ausgewählt, um dadurch die unwürdige Behandlung, als die er den Vorfall möglicherweise empfinden mochte, wieder gutzumachen. Auf diese Weise verfuhr man jedesmal, wenn ein Gast durch die Nachlässigkeit seines Gastgebers eine Demütigung erlitten hatte, z. B., wenn er auf unebenem Boden stolperte oder wenn Wasser von einer undichten Stelle im Dach auf ihn tropfte.

Obwohl es bei ihnen kein Rivalisieren gab, waren die Nootka sehr standesbewußt. Ihre Häuptlinge stellten eine bestimmte Elite dar und wurden mit besonderen, Respekt zollenden Formulierungen angeredet, wodurch sie sich von den anderen Mitgliedern ihres Haushalts unterschieden. Sie trugen bei wichtigen Ereignissen glänzendere Trachten als ihre Stammesgenossen. Obwohl sie eine „königliche" Schicht waren, reichte ihre Autorität nicht über ihre örtliche Gruppe hinaus.

In deutlichem Gegensatz dazu stand die Bescheidenheit der Salish-Häuptlinge. Sie verschafften sich Respekt nicht durch Prahlerei oder prunkhafte Kleidung, sondern dadurch, daß sie auf ruhige Art ihre Meinung äußerten, nachdem zuvor schon alle anderen hierzu Gelegenheit gehabt hatten; vor allen Dingen aber durch Großzügigkeit. Tatsächlich waren ihre Häuptlinge oft als die einfachst-gekleideten Mitglieder der Gesellschaft schnell zu erkennen, weil sie alles verschenkt hatten, um sich die Unterstützung ihrer Anhänger zu erhalten. Während ihrer Potlatche wurde ihr Rang stillschweigend unterstellt (beleidigende Reden gab es nicht). Insgeheim erhoffte man sich dadurch, daß die Gegengeschenke großzügiger sein würden. – Der Status der Kwakiutl hingegen beruhte auf ihrer Fähigkeit, immer noch mehr auszugeben.

Einen ziemlich merkwürdigen Brauch gab es nach dem normalen Geschenkverteilen im südlichen Teil des Salish-Territoriums: nämlich die Balgerei. Waren oder Attrappen davon wurden von einer an der Wand des Langhauses errichteten Plattform geworfen oder von oben durch das Rauchloch ins Haus fallen gelassen. Jedermann, gleich welchen Alters, Ranges oder Geschlechts, versuchte, etwas für sich zu erhaschen. Ziemlich oft gehörte eine Balgerei auch zum Bestandteil einer Heiratszeremonie, wenn der Sitz der Braut – der Deckenstapel, auf dem sie während der Formalitäten saß – hinausgeworfen wurde. Obwohl dieses scherzhafte Spiel freundlich gemeint war, konnte es vorkommen, daß die Decken zerschnitten und zerstört wurden, wenn die Leute meinten, der Häuptling sei nicht großzügig genug gewesen. Großzügigkeit war aber so entscheidend für das Prestige eines Salish-Häuptlings, daß sich solche Dinge nur selten ereigneten.

Obwohl oft mit religiösen Zeremonien verknüpft, hatte das Weggeben von Geschenken keine religiöse Bedeutung. Während solcher Zeremonien nahm es nur eine rituale Funktion ein, weil ein Tänzer nicht eingeweiht werden konnte, ohne zuvor sein Recht auf diese Position durch Potlatche bewiesen zu haben. Durch das religiöse Tanzen während der Besitzverteilung sollten vor allem die Besitzverhältnisse deutlich gemacht werden. Mit Religion hatte das Tanzen nichts zu tun. Es kann womöglich symbolisch gewesen sein: Übertriebene Zerstörung von Reichtum hatte eine Parallele im gefräßigen Menschen-Verschlinger-Geist, der ungeheure Mengen Menschenfleisch verzehrte. Er ist der Haupttänzer in Kwakiutl-Zeremonien und erscheint auch in den Tänzen vieler anderer Stämme. Das Ersticken des Feuers eines Rivalen ist weiterhin vergleichbar mit dem Überwinden übernatürlicher Kräfte, und das Sich-Übergeben infolge Übelkeit nach den unwahrscheinlich großen Mengen von Eulachon-Öl, die während der Potlatche getrunken wurden, wird häufig als Analogie zur Geburt betrachtet. Die Verwendung von Öl als Bestandteil der Mitgift, um den Namen der Braut „schwer oder wertvoll zu machen", bestärkt dieses, da die Vorrechte, die auf Kinder und unfruchtbare Frauen übergingen, wertlos waren.

Gegen Mitte des 19. Jahrhunderts wurden die Potlatch-Decken eingeborener Machart, aus Zedernrinde oder Hunde- und Ziegenhaar, fast vollständig durch wollene, im Handel erworbene Hudson-Bay-Decken ersetzt. Außerdem wurden anderen

Waren wie Fellen, Kanus und geschnitzten Kästen Decken-Werte zugeordnet: ein Kanu z.B. war 700 Decken wert, ein Seeotter-Umhang dreißig Decken. Manche Handelswaren wurden wahrscheinlich schon bei den frühesten Kontakten mit Europäern eingeführt, und bis zum Ende des Jahrhunderts fanden Dinge wie Waschbecken, Kupferkessel und Nähmaschinen eine weite Verbreitung.

Decken dienten als Währungseinheit, was die Berechnung der zurückzugebenden Waren erleichterte. Steigender Reichtum, infolge des Handels mit den Weißen, machte die Anhäufung von Decken in großen Stückzahlen sowohl für Adelige als auch für wohlhabende Gemeine möglich. Handelsgüter waren nämlich für jedermann zugänglich und hingen nicht von der Zugehörigkeit zu einer bestimmten Sippe oder zu einem bestimmten Anführer ab. Die Dezimierung der eingeborenen Bevölkerung durch Seuchen bedeutete aber, daß die streng begrenzte Anzahl von Schlüsselpositionen höher war als die der adeligen Bewerber, so daß auch Gemeine anfingen, über entfernte familiäre Beziehungen in solche Positionen vorzurücken. Überdies hatten sie den nötigen Reichtum, um solche Ansprüche durchzusetzen. Andere Stellen wurden „zu treuen Händen" von Frauen verwaltet, die keine männlichen Verwandten hatten, auf die sie hätten übergehen können.

Die Folge davon war, daß man den Konkurrenzkampf so weit steigerte, bis das jahrhundertealte System sozialer Organisation auseinanderzubrechen begann. Andererseits kanalisierte es die Aggressionen weg vom Krieg. Frühe Händler berichten fast übereinstimmend von friedlichen Beziehungen zu den Stämmen. Aber es ist möglich, daß vorher Potlatch-Waren nur als Kriegsbeute zu beschaffen waren und daß der Handel Kriege nun überflüssig machte. Jüngere Abkömmlinge adeliger Familien, deren ältere Brüder den sozialen Status belegt hielten, konnten sich Ansehen ähnlich dem ihrer Brüder verschaffen, wenn sie den Besitzer eines Privilegs töteten und seine Position einnahmen. Dies läßt vermuten, daß sie bereits das ganze mit dem Privileg verbundene Ritual kannten, das Recht zu seiner Ausübung aber erst nachweisen mußten. So wie

Oben links: Krummschnabel-des-Himmels, erkennbar an der gekrümmten Linie über dem Oberschnabel, war ein gefürchteter Monstervogel, von dem die Kwakiutl annahmen, er würde in einem Himmelshaus wohnen. Es war bekannt, daß er zur Erde flog, um Männer zu verschlingen, und seine Maske wurde von den Frauen bei den Hamatsa-Tänzen getragen.

Links und oben: Die gängige Kriegstechnik der Küste bestand in nächtlichen Überraschungsangriffen. Die Krieger krochen in die Häuser der Feinde und warteten mit gezückten Messern und Dolchen auf das Zeichen zum Zustoßen. Der aggressive Ausdruck des Bärenkopfes paßt zu seiner Verwendung als klassisches Kampfmesser der Tlingit (links). Ein frühes Beispiel einer Nootka-Streitaxt (oben) ist kunstvoll geschnitzt und verziert, aber ideal geeignet für diese Art von Gefecht. Der Lederriemen sichert die Waffe am Handgelenk, und die eingeschnitzten Rillen am Ende des Schaftes geben der Hand einen sicheren Halt.

diese Privilegien in der Vergangenheit durch Töten ihres Besitzers erlangt wurden, konnte dies für verschiedene Positionen nun durch Potlatche zustande gebracht werden.

Krieg, im Sprachgebrauch der Nordwestküste, war jeder Konflikt zwischen zwei oder mehr Personen und schloß nicht unbedingt körperliche Verletzungen mit ein. Er reichte von einem bildlichen Schlag ins Gesicht bis zu einer offenen Feldschlacht mit Hunderten von bewaffneten Kriegern. Meist bestand er aus einer Fehde, im Zusammenhang mit einer zu tilgenden Geringschätzung oder Schmach, bei der man prüfte, wer der stärkere der beiden Gegenspieler war. „Schlachten" wurden auf der Basis von Rededuellen entschieden, wobei denen die schlimmsten Folgen drohten, die als Besiegte daraus hervorgingen. Kwakiutl-Reden erscheinen wirklich aggressiver als ihre Kampfweisen, und es ist möglich, daß vieles Bluff, Schau und Herausforderung war. Möglicherweise wurden sie als Methode angewandt, um den Gruppenstatus zu heben, indem man der Umgebung ein möglichst furchterregendes Bild von sich selbst zeigte. Dadurch wollte man den Respekt der benachbarten Stämme gewinnen. Die indianische Holzstabrüstung wurde von einer hölzernen Maske überragt, die den Krieger über zwei Meter hoch erscheinen ließ. In diese Maske war ein menschliches Gesicht geschnitzt, das eine fürchterliche Fratze schnitt – eine Verkleidung, die den „schrecklichen Eindruck" betonte, den die Stämme zu erwecken versuchten.

Anfangs brachte der Kontakt mit den Europäern ein kurzlebiges Ansteigen der Kämpfe zwischen den Stämmen mit sich. Aufgrund der Verwendung von Musketen wurden sie tödlich, was dazu führte, daß die Kwakiutl während einer ganzen Kriegssaison auf ihren Hausdächern schliefen, um vorzubeugen, in einem nächtlichen Überraschungsangriff abgeschlachtet zu werden. Aber ab 1860 gehörte der Krieg der Vergangenheit an, und die weiße Kultur untergrub die traditionelle rasch.

Die europäische Auffassung von Eigentum und Geldanlage war den dem Potlatch zugrunde liegenden Prinzipien diametral entgegengesetzt, und weiße Siedler konnten dieses Infragestellen ihrer Geisteshaltung unmöglich hinnehmen. Das im Indianergesetz verkörperte Potlatch-Verbot tat in den frühen 1900er Jahren voll seine Wirkung, als Regierungsbeamte in den Reservaten tätig wurden und jede Verteilung von Waren verhinderten. Der letzte größere Potlatch, der von Daniel Cranmer, einem Kwakiutl aus Alert-Bay, fand im Jahre 1921 auf Village Island statt. Diesen Ort hatte er ausgewählt, da es ein entlegener Flecken war, fern ab vom Regierungseinfluß. Aber die Identität der Teilnehmer wurde entdeckt, und sie wurden aufgefordert, ihre Potlatch-Ausrüstung auszuliefern. Bootsladungen voll zeremonieller Gegenstände wurden von ihnen und anderen eingezogen. Als „Bezahlung" dafür wurden den Besitzern Schecks gegeben. Einige davon wurden im Angesicht der Regierungsbeamten zerrissen. – Aber einige wertvolle Familienerbstücke haben die Indianer zurückbehalten. Ihr Verbleib wurde niemals aufgeklärt.

Zwar hielt man im geheimen weiterhin Potlatche ab, aber sie waren nurmehr ein Schatten der früheren. Viele Leute fürchteten sich aus Angst vor dem Gefängnis, ihnen beizuwohnen. Die mündliche Überlieferung der Stämme begann zusammenzubrechen und ihre Kontinuität zu verlieren. Versuche einer Wiederbelebung im Jahre 1944 waren ein Fehlschlag, da die Leute sich noch immer fürchteten, den Agenten offen Trotz zu bieten. Als das Potlatch-Verbot im Jahre 1951 aufgehoben wurde, hatten das Selbstverständnis der Stämme und die soziale Struktur ernste Schäden genommen.

In jüngster Zeit wurde grundsätzlich vereinbart, die beschlagnahmten Besitztümer zurückzugeben, so daß wenigstens ein Teil des nationalen Erbes in seine Heimat zurückkehren wird, wo es unter der Kontrolle eines Stammesrates stehen soll. Aber dies ist nur ein Bruchteil der ursprünglichen Menge, da die Agenten viel für sich behielten und da noch mehr über Museen in der ganzen Welt verstreut wurde. Vielleicht werden bald die Geister von Tsonoqa, Menschenfresser-am-Nordende-der-Welt, Hoxhok, Sisiutl, Toxuit, Rabe, Gekrümmter-Schnabel-des-Himmels, Hamaksa und viele andere frei sein, um wieder umherzustreifen in der Welt, in der sie seit Anbeginn der Zeit lebten.

Das Übernatürliche

Der Indianer fühlte sich in seiner Welt umgeben von zahllosen übernatürlichen Wesen, deren Einfluß sich in jedem Teilbereich seines Lebens widerspiegelte. Diese Geister stellten sich in verschiedenen Formen dar und wurden als Vollbringer unterschiedlicher Taten angesehen: manche überbrachten als Totems Privilegien, manche mischten sich ins Alltagsleben ein, und andere übertrugen ihre Kräfte auf Schamanen und auf Zauberer.

Jedes Wesen besaß eine Kraft – oder eine geistige Macht – ob das ein Kiesel am Strand war, ein Stein, Baum, Tier, oder der Mensch selber; abstrakte Eigenschaften, wie Schönheit, hatten ähnliche Kräfte, ebenso die Sonne, der Mond und die Sterne, die Seen und Flüsse. Obwohl diese Kräfte aus der Geisterwelt stammten, zeigten sie sich in der Menschensphäre. Das Pfeifen des Windes durch die Bäume, das Knarren der Baumstämme und das Tosen der unterirdischen Wasser bedeuteten, daß ein geistiges Wesen ganz in der Nähe war. Vogel- und Tierverhalten und die wechselnden Wolkenbilder wurden als Zeichen von denen gedeutet, die das Wetter machen. Bestimmte Felsformationen, vom Blitz getroffene Bäume usw. bezeichneten die Schauplätze übernatürlichen Waltens. All dies lieferte greifbare Beweise für die Geisterwelt und stellte deren direkte Verbindung zum Menschen her.

Sein Einbezogensein in die Umwelt trug zur Stärkung des Indianerglaubens bei. Dies war kein ferner, unklar umrissener Aberglaube, sondern fest, mächtig und dauernd zugegen. Obwohl der Indianer mit der realen Welt durch sein körperliches Sein verbunden war, sah er darin keine Hindernisse, mit der Geisterwelt durch Träume und Tran-

Links: Geheimnisvolle Symbole: Petroglyphen und Piktographien bezeugen die Orte, wo man übernatürliche Erscheinungen gesehen zu haben glaubte.

Oben: Der Seeteufel oder Octopus mit seinen langen saugnapf-bedeckten Fangarmen ist auf diesem Detail einer bemalten Schamanen-Robe aus Karibu-Haut erkennbar. Unzweifelhaft war der Seeteufel einer der geistigen Helfer des Schamanen. Seine anderen Verbindungen zur übernatürlichen Welt waren die „Tekijek" oder Wassergeister: Ein Mörderwal ist die zentrale Gestalt auf der Robe; dem Seeteufel gegenüber findet sich zum Ausgleich die Zeichnung eines Wals. Diese Robe wurde im Totenhaus eines Tlingit-Schamanen vom Hootz-ah-tar-Stamm aufgefunden.

Rechts: Ein Grabmal-Pfahl der Haida auf Skedans. Begräbnisriten wurden bei allen Leuten der Küste sorgsam beachtet und Denkstätten wie diese errichtet, um den Geistern des Toten Ehrerbietung zu erweisen. Trotzdem konnten diese Geister bösartig werden, und dann bildete ihre Gegenwart in den dichten Wäldern eine ständige Bedrohung für den Unvorsichtigen. Bei den Haida nahmen sie die Gestalt eines Ga-git an, einer scheußlichen Kreatur mit behaartem Körper, klauenartigen Fingernägeln und der Fähigkeit zu fliegen.

cen in Kontakt zu treten. Außerdem: Da das Übernatürliche für ihn im wesentlichen eine Erweiterung der realen Welt darstellte und dessen Gegenwart durch eine Reihe von natürlichen Phänomenen angedeutet wurde, hielt der Indianer ein physisches Zusammentreffen mit einem Geist für sehr wohl möglich.

Viele Geister wurden personifiziert. Sie waren jene übernatürlichen Wesen, die sich an unzugänglichen Orten tief in den Wäldern, unter dem Meer, oder hoch auf den Bergen aufhielten. Die Waldgebiete, die diese Indianer am wenigsten kannten, waren bewohnt von Unmengen gefährlicher Wesen. Sie hatten die Neigung, jemandem Schaden zuzufügen. Typisch war Tsonoqa, die Wilde-Frau-des-Waldes. Sie fraß jedes Kind, das sie erwischen konnte, und bildete für alle Kinder, die sich außerhalb des Dorfes verliefen, eine große Gefahr. Meistens schlief sie, aber wenn sie wach war, wurde ihre Gegenwart durch ein Säuseln in den Bäumen angezeigt. In den Bergen lebte Baxbakualanuxsiwae, der Menschen-Verschlinger-am-Nordende-der-Welt. In seinem Haus wohnten eine Frau, die Männer hereinlockte und sie dann tötete, ein menschenfressender Vogel mit einem riesigen Schnabel und ein geisterhafter Grislybär. Quarzkristalle, die in Waldhöhlen summten und vibrierten, hatten die Macht, Menschen zu töten; Schamanen trugen manchmal Quarzstücke bei sich wegen deren übernatürlicher Eigenschaften und als Beweis ihres Kontaktes zu den Geistern.

Obwohl sie auch Kräfte für das Böse besaßen, waren die Wesen der Flüsse und Buchten im allgemeinen weniger fürchterlich, weil ihre üblen Eigenschaften durch Rituale unterdrückt werden konnten. Man glaubte, daß zahlreiche Meeresungeheuer verantwortlich waren für die Gefahren der See; Riesentintenfische und sagenhafte Haie lebten in tiefen Felstümpeln, wo Kriegshäuptlinge der Nootka badeten, um ihre Unbesiegbarkeit zu beweisen. Trotzdem war eine Begegnung mit einem Meeresungeheuer nicht besonders gefürchtet; da der Indianer über seine Heimatgewässer recht gut Bescheid wußte, glaubte er, daß eine solche Begegnung mehr Glück als Mißgeschick bringen könnte. Wenn ein Kwakiutl die doppelköpfige Seeschlange träfe, würde er die Fähigkeit zur Zauberei erhalten, und wenn ein Tlingit dem Meeresungeheuer Gonakader begegnen würde, dann würde er mit Sicherheit sehr wohlhabend werden und in eine wichtige soziale Position aufsteigen.

Die Ungeheuer gaben den unbekannten und unvorhersehbaren Mächten eine wirkliche Gestalt und machten sie dadurch begreifbarer und erträglicher. Tiere und tierisches Verhalten hingegen verstand man ganz deutlich, und Tiergeister erfüllten gutartige Funktionen. Die Fülle tierischen Lebens sah man als Gabe der Geister an und glaubte, daß die Tiere, von denen die Indianer wirtschaftlich abhingen, sich selbst freiwillig den Menschen opfern würden. Dies konnten sie auch, weil sie wiedergeboren würden, wenn die richtigen Rituale vollzogen wurden. Das bedeutete normalerweise, daß die Knochen zum Jagdort zurückgebracht wurden. Weil das Opfer freiwillig gebracht wurde, war es notwendig, ihre Großzügigkeit anzuerkennen.

Die Erster-Lachs-Riten waren die wichtigsten dieser Rituale, aber es wurden auch zahlreiche andere zu Gunsten verschiedener Tiere abgehalten; fast endlose Gebete und Danksagungen richtete man an die gestrandeten Wale, ebenso an die Seehunde anläßlich der Seehundjagd. Bevor der Körper eines erlegten Bären ins Haus gebracht wurde, ging man ihm entgegen und begrüßte ihn mit einer Willkommensrede, um dann geweihte Adlerdaunen auf ihn zu streuen. Manchmal wurde er einen oder zwei Tage lang an einen Ehrenplatz auf der Rückseite des Hauses gebracht und mit allem einem wichtigen Gast zukommendem Respekt behandelt, damit er nicht gekränkt würde und sein Geist keine Angst haben müßte, nach seiner Wiedergeburt in die Nachbarschaft des Dorfes zurückzukehren.

Jäger vollführten besondere Handlungen, um ihre Beute zu besänftigen. Der Ziegenjäger der Salish bemalte sein Gesicht mit zeremoniellen Symbolen, die er im Traum vom Geist der Ziege erhalten hatte, um sicherzustellen, daß bei seiner Annäherung die Beute nicht fliehen würde. Wirkungsvoll dabei war die rituelle Handlung des Anmalens, mehr als die Bemalung selbst, und sie war eine geheime und persönliche Form von Magie. Bei einer unvermeidlichen Begegnung mit einem anderen wischte der Jäger sein Gesicht sauber, ohne daß er den Zauber dadurch zerstört hätte. Nie hätte er einen Jagdversuch ohne diese Vorbereitung unternommen und wenn doch, würde dies Unglück gebracht und das Vertrauensverhältnis zwischen dem Jäger und dem Geist völlig zerstört haben.

Diese feierlichen Bräuche mit Berichten über die gute Behandlung sollten die Tiere ermuntern, zu ihrem Heim zurückzukehren. Das Gebet des Lachsfischers stellte eine fangreiche Saison sicher:

„Willkommen Schwimmer! Ich bedanke mich, daß ich in dieser Saison noch lebe, da Du zurückkommst zu unserem schönen Ort; Du kommst, damit wir jetzt mit meinem Angelgerät zusammen spielen können, Schwimmer. Nun, geh heim und sag Deinen Freunden, was Du für Glück hattest, daß Du hier warst. Sie sollen mit ihrem Vermögen kommen, damit auch ich etwas von Eurem Reichtum erhalte, Schwimmer, Freund, Übernatürlicher.“ (Boas, *Ethnologie der Kwakiutl*)

Der Heilbuttfischer sprach dies, wenn er dem Fisch mit seiner Keule auf den Kopf schlug:

„In der Tat klingt dieses nicht schlecht auf Deinem Kopf, Alte-Frau, Du Schlaffe-Haut-im-Maul, Du Zum-Geben-im-Hause-Geborener, weil ich tatsächlich gekommen bin, um Dich mit meiner Keule zu erschlagen, Alte-Frau. Geh fort und sag Deinem Vater, Deiner Mutter, Deinem Onkel, Deiner Tante, Deinen älteren Brüdern und Deinen jüngeren Brüdern, daß Du Glück hattest, weil Du in dieses mein Fischerkanu gekommen bist.“ (Boas, *Ethnologie der Kwakiutl*)

Die Gebete wurden nicht an die eigentlichen Fische gerichtet, sondern an deren Seelen oder Geister, und die Namen, mit denen die Fische angesprochen wurden, waren voller Hochachtung.

Wenn diese üblichen Bräuche nicht beachtet oder die Tiere mißhandelt oder beleidigt wurden, dann konnten sie die verliehenen Privilegien und Vermögen zurücknehmen – oder sich vielleicht sogar drastischer rächen. In einem Dorf quälten die Jugendlichen Fische, indem sie ihnen die Rücken aufschlitzten und kochendes Pech hineingossen. Die älteren Männer warnten davor, daß diese Beleidigung Rache auslösen würde, aber die Jungen achteten nicht darauf. Selbst als es in der Ferne donnerte, machten sie sich bloß darüber lustig und sagten, die Geister müßten leere Mägen haben. Als das Getöse näher kam, wurden sie in ihrem Tun und Reden endlich vorsichtiger; die Einsicht kam aber zu spät. Die Erde tat sich auf, und das ganze Dorf wurde vernichtet.

Von allen Tierarten hatten die Wölfe die stärksten übernatürlichen Kräfte. Sie waren die gewandtesten Jäger der Landtiere und wurden wegen ihrer Geschicklichkeit sehr respektiert. Weil sie diese auch an Menschen verleihen konnten, wurde von Jägern oft ihre geistige Hilfe erbeten. Die Salish glaubten, sie wären wiedergeborene Seelen. Die Kwakiutl betrachteten sie als Vorfahren und personifizierten sie häufig während religiöser Zeremonien. Ihre Geister waren für Menschen jedoch harmlos. Im Gegensatz dazu waren die unschuldigen Eulen und Otter gefürchtet, weil sie Verbindung mit den Seelen verstorbener Menschen unterhielten.

Bestimmte Tiere wurden als Totems benutzt, und die Clanmitglieder, die sie als Wappentier erwählten, hatten engere Beziehungen zu ihnen. Es gab keine Verbote, auch ein Tier seiner eigenen Totemgruppe zu töten; dies wurde sogar für einfacher ge-

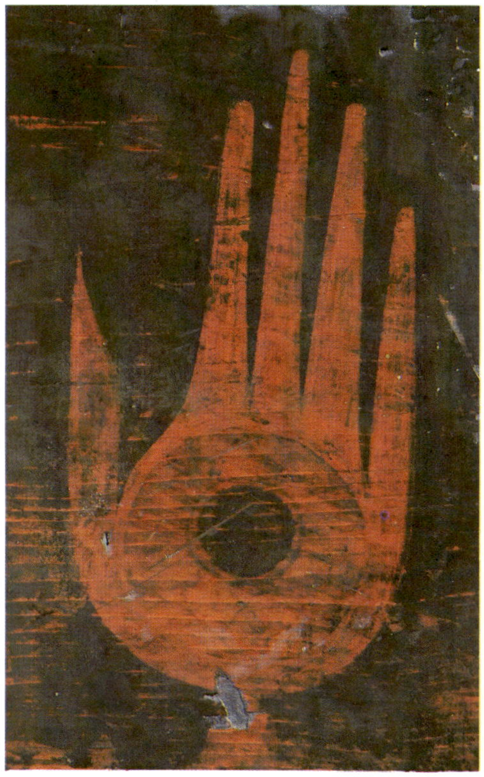

Ganz oben: Die enge Beziehung zwischen Mensch und Tier wird besonders deutlich an dieser Lachsrassel der Tlingit, die die bildnishafte Figur eines Schamanen enthält.

Oben: Detail einer Vorratstruhe der Tsimshian, die mit der übernatürlichen Ausrüstung eines Schamanen gefüllt war. Erst nach Ankunft des Christentums konnte ein Schamane es wagen, seine mächtigen Schätze zu enthüllen.

Rechts: Der Donnervogel erscheint während der heiligen Tsetseka-Winterzeit der Kwakiutl. Seine Maske ist erkennbar an den gefiederten Hörnern.

halten. Eine Frau aus dem Landotter-Clan z.B. konnte die Fähigkeit haben, mit ihren „Verwandten" zu sprechen und sie zur Lieferung ausreichender Nahrungsvorräte zu überreden. Und ein Jäger aus dem Bären-Clan brauchte weniger Angst zu haben, auf einer Bärenjagd angefallen zu werden.

Nach den Mythen erschienen die Totem-Geister einem Vorfahren der Gruppe nur einmal und blieben danach gegenwärtig, jedoch ohne Gestalt. Ihre Kraft wurde symbolisch in den eindrucksvollen Bemalungen und Schnitzereien der Totems wiedergegeben. Diese waren insofern ein bedeutendes Merkmal im Rangsystem des Stammes, als ihre Zurschaustellung den zugehörigen Status des einzelnen oder der Gruppe verkündete. Die Totems besaßen aber auch eine mystische Fähigkeit, die das Symbol mit der Kraft des übernatürlichen Wesens, das es darstellte, verband: Ein geschnitztes und mit einem Bärensymbol bemaltes Kästchen galt als mit dem Bärengeist erfüllt, der den Inhalt schützte.

Die Totem-Wesen, deren Ursprung durch Mythen überliefert wurde, waren deutlich verschieden von den übernatürlichen Geistern, deren Gegenwart die Menschen immerfort spürten. Ein Fund von Glimmerstücken, die man für Schuppen einer Sisiutl, der doppelköpfigen Seeschlange hielt, bewies deren Existenz. Unterstützt wurde dies auch durch die Gefahren der See, die Sisiutl angeblich verursachte. Der Donnervogel, ein riesenhaftes Tier, erzeugte mit seinen Bewegungen Donner und hielt reptilien-ähn-

liche Blitzschläge in Besitz, „wie der Mensch einen Hund hat". Dies war die übernatürliche Ursache von Gewittern und konnte regelmäßig während kräftiger Regengüsse und Stürme an der Küste beobachtet werden.

Der Mensch hatte Grund, die mysteriösen Kräfte dieser immer gegenwärtigen Gewalten zu fürchten, aber er konnte sie auch zu seinem Vorteil anrufen, etwa um Geschicklichkeit bei der Jagd oder beim Fischen zu erlangen. Sie konnten ihm auch Glück bringen oder ihn befähigen, die Zukunft vorauszusehen oder die Folge eines Krieges zu prophezeien. Manche verliehen dem Indianer Kontrolle oder Einfluß auf das Wetter; einige garantierten wundersame Heilkräfte, während die meisten einfach einen gewissen persönlichen Schutz gegen die boshaften Neigungen von anderen boten. Die Geister waren aber nicht von Natur aus wohlwollend und verliehen diese Gaben nicht wahllos.

Die Kräfte mußten aufgesucht und der Geist, der sie beherrschte, herausgefordert und bezwungen werden, damit man ihn überreden konnte, seine Macht an den Menschen abzutreten. Dieses verlangte direkten Kontakt mit dem geistigen Wesen durch Traum oder Trance. Es war ein möglicherweise gefährliches Unterfangen, da sich ein ungenügend vorbereiteter Teilnehmer auf die Gefahr geistiger Besessenheit einließ. Weil der Indianer selber fest von den Folgen der Besessenheit überzeugt war, waren Wahnsinn oder Tod, manchmal nach langwierigem Siechtum in Bewußtlosigkeit, in solchen Fällen beinahe unvermeidlich.

Rituelles Baden wurde als Schutzmittel angewandt, weil es den Körper frei machte von menschlichen Gerüchen, die, wie man meinte, die Geister aufreizen könnten. Das Baden in eiskaltem Wasser erfolgte an jedem der dafür bestimmten Tage – normalerweise waren es vier – und wurde während bestimmter Mondphasen unternommen. Ein solches Bad dauerte mehrere Stunden. Nach dem Baden wurde der Körper mit Zweigen oder Pflanzenstengeln kräftig abgerieben, manchmal sogar so kräftig, daß Blut floß. Man durfte nur süßduftende Zweige verwenden, damit jede Spur menschlichen Geruchs von ihrem Duft übertönt wurde. Praktisch gesehen regte dieses Reiben die Durchblutung wieder an.

Da die Wirksamkeit eines Bades von der Erfüllung eines genau festgelegten Rituals abhing, das auch ein anderer hätte nachahmen können, waren Ort und Dauer des rituellen Badens, die Mondphase und die zu verwendenden Pflanzenarten ganz streng gehütete Familiengeheimnisse. In Verleugnung ihrer sonst gemeinschaftsbezogenen Natur hüteten die Indianer diese Informationen sehr mißtrauisch, weil die Anwendung dieser Kräfte – sie waren schließlich Familienbesitz – mit einer gewissen Prestige-Stufe gekoppelt war.

Viele Leute pflegten wegen der wohltuenden Folgen für Gesundheit und Glück und als Vorsichtsmaßnahme gegen ein zufälliges Zusammentreffen mit einem Geist regelmäßig zu baden. Oft wurden die Bäder aber bewußt zum Zwecke der Machtentfaltung angewandt, wenn sie zusammen mit einem nahezu gänzlichen Fasten praktiziert wurden. Im Halbbewußtsein infolge von Blutverlust und Nahrungsmangel, und vielleicht auch durch Entkräftung erschöpft, war der Suchende entschlossen, einen Geist zu finden, und er hatte große Aussichten auf Erfolg. Er badete an den Stellen, wo die Geister vermutlich wohnten, er widmete ihnen lange Gebete und ermunterte sie, mit heiligen Adlerdaunen als Geschenken, zu erscheinen.

Nicht jedes Streben nach geistiger Begegnung wurde von Erfolg gekrönt. Manche Leute suchten ihr ganzes Leben lang, ohne eine einzige übernatürliche Gabe empfangen zu haben. Wenn es aber geschah, war das erste Zeichen ein ungewöhnliches Geräusch, das die Aufmerksamkeit auf sich zog. Wenn die Person sich umdrehte um nachzusehen, erhaschte sie einen Blick eines sagenhaften Tieres, vielleicht eines Eichhörnchens oder eines Nerzes, mit einer Art Glanz, der vermuten ließ, es sei kein natürliches Wesen. Dann fühlte sich der Betroffene plötzlich unbeschwert und war gewöhnlich einer Ohnmacht nahe. Jemand, der wohlvorbereitet war, hätte (bevor er in Ohnmacht fiel) genügend Zeit gehabt, einen Schrei auszustoßen und eine rituelle Handlung zu begehen, wie z.B., das Wesen mit einem Stock zu erschlagen. Diese Handlung wurde „Töten des Geistes" genannt und zwang diesen, einen Teil von sich zurückzulassen, der seine Kraft

Holzgeschnitzte Seehundmaske der Tsimshian mit Kupferaugen und Zähnen aus Opercula, die angeblich bei einem Tanz getragen wurde, der der Hinrichtung verurteilter Gefangener voranging.

enthielt. Wenn der Geist wohlgesonnen war, ließ er dieses Zeichen zurück, auch ohne getötet zu werden, und man konnte das Ritual nach dem Erwachen aus der Ohnmacht begehen.

Später kehrte der Geist im Traum zurück, um die Art der hinterlassenen Macht zu erklären und um Gesänge, Tänze, Gesichtsbemalung, Schmuck und alles damit Verbundene zu lehren. Das Zeichen war überaus wichtig, denn nur durch seine Verwendung hatte jemand die Fähigkeit, über eine geistige Macht zu verfügen. Wenn jemand sein Zeichen verlor, verlor er auch seine Kraft. Je nach der Stärke dieses Geschenks übte sich der Empfänger einige Monate oder gar mehrere Jahre lang in dessen Gebrauch, bevor er sich zutraute, es zu kontrollieren, und bevor er in der Lage war, auf die Unterstützung des Geistes bei der Durchführung seiner Ziele zu vertrauen.

Hatte er einmal die Macht empfangen, unternahm der Indianer rituelle Bäder in Verbindung mit anderen Riten, die einem bestimmten Anliegen dienten. Die Macht spielte unter dem Zwang des Übersinnlichen eine wichtige Rolle – die Aufführung magischer Handlungen und Gebete, um eine bestimmte Wirkung zu erzielen, etwa um Wale landeinwärts treiben zu lassen – und ihre Wirksamkeit beruhte wieder auf einer ganz korrekten Handhabung familieneigener Geheimnisse. Die wichtigsten Riten wurden, stellvertretend für die ganze Gruppe, vom Häuptling der Sippe aufgeführt; aber bestimmte Leute besaßen solche Riten, die mit ihrer besonderen Tätigkeit verbunden waren. Der Jäger besaß Jagdrituale, die Kanubauer-Rituale schützten gegen die Sonne, die den Schiffsrumpf austrocknete und rissig machen könnte; die Rituale des Holzarbeiters halfen diesem, gerade Bretter aus dem Zedernstamm zu spalten. Obwohl viele dieser Riten ursprünglich einem Ahnen vermacht worden waren und dann vererbt wurden, unterschieden sie sich von Totem-Kräften insoweit, als diese Geister jedesmal neu angerufen werden mußten, wenn man eine Gunst von ihnen erwartete.

Oben: Während der Heilriten trugen die Schamanen der Tsimshian kleine knöcherne Anhänger und Amulette, um jene Wesen darzustellen, von denen sie ihre Kräfte bezogen. Dieser Anhänger zeigt einen Vogel, vielleicht einen Kranich. Eine menschliche Figur bildet sein Rückgrat, wobei der Kopf gleichzeitig als Schwanz des Vogels fungiert, während ein mondartiges Gesicht das Flügelgelenk darstellt. Ineinanderverschlungene, mehrdeutige Elemente und die Verwendung von Figuren als Gelenke, häufig durch die Augenform symbolisiert, finden sich an vielen Beispielen der Nordwestküsten-Kunst.

Verknüpft mit diesen magischen Handlungen, aber getrennt und bei anderen Gelegenheiten benutzt, waren Amulette und Talismane, die magische Eigenschaften besaßen und als Glücksbringer getragen wurden. Es waren Bündel aus Federn oder Haaren und manchmal aus kleinen eingekerbten Steinen, die an Waffen gebunden, um den Hals getragen oder in Kanus herumgefahren wurden. Häufig wurden sie unter Freunden ausgetauscht. Andere ähnliche Amulette hatten bösartige Wirkungen; diese wurden insgeheim ins Kanu eines Rivalen gelegt, in der Absicht, eine Katastrophe herbeizuführen. Die Tlingit ängstigten sich so sehr davor, daß sie vor einer langen Reise stets ihre Kanus auswuschen. Von verschiedenen besonderen Amuletten nahm man an, daß sie bei Ereignissen wie Geburt, Pubertät, Menstruation, Krieg, Krankheit und beim Spiel Hilfestellung leisten könnten.

Eine begrenzte Anzahl Leute wurde von stärkeren geistigen Kräften beseelt als andere. Dies waren die Schamanen. Sie bildeten eine Elite, denn die Zahl von Männern und Frauen mit solchen Fähigkeiten war sehr gering, und sie wurden manchmal als Außenseiter betrachtet. Die Schamanen der Tlingit hatten sogar getrennte Häuser und wurden weit außerhalb des Dorfes beerdigt. Man nahm ihre Dienste in Anspruch, um die Zukunft vorhersagen zu lassen und um bei allen größeren Lebensentscheidungen – wie Heilung, Jagd, Krieg, Streitigkeit, Liebe und Zauberei – das Schicksal zu beeinflussen.

Die Schamanen erhielten ihre Macht ebenfalls durch Geistersuche und rituelles Baden, obwohl dieses ernsthafter und bestimmter durchgeführt wurde als bei Nicht-Schamanen. Oft hatten Familien eine Erbfolge von Schamanen, wobei die Eltern ihre Kinder beeinflußten. Ihre Macht hing von dem Geist ab, mit dem sie in Verbindung standen. Aber die Geister, die solche Macht vergaben, waren gering an Zahl. Das doppelköpfige Ungeheuer, der Donnervogel, der Landotter und das Feuer z. B. inspirierten nur die Salish-Schamanen. Die Kanu-Leute, Ozean-Leute, Wald-Leute und die Jenseitigen waren bei den Haida die einzigen Wichtigen. Beide Gruppen aber hatten auch zahlreiche andere Geister, die Kräfte von weniger spezialisierter Natur verliehen.

Da diese Kräfte weit stärker waren als z.B. die der Kanubauer oder Jäger, war es wesentlich, daß ein unerfahrener Neuling, der sie noch nicht beherrschte, sich einer Übungszeit unterzog. Dies konnte mehrere Jahre dauern. Bei den Salish sonderten sich die Kandidaten vier Jahre lang ab und sahen nur anderen Schamanen zu; bevor man sie für fähig hielt, die Macht richtig anzuwenden. Kwakwabalas, ein Kwakiutl, mußte in vier aufeinanderfolgenden Wintern einen Tanz aufführen, bevor er als Schamane tätig sein konnte. Außerdem mußte er bestimmte Bedingungen beachten, bevor seine Macht wirksam wurde, nämlich neue Masken für jede Aufführung schnitzen und die alten verbrennen. Während dieser Übungszeit konnte der Neuling von einem oder

Unten: Der Haida-Schamane trug einen Halsring, von dem seine verschiedenen Amulette herabhingen. Darunter befanden sich normalerweise ein hölzerner oder knöcherner Kopfkratzer und knöcherne Nasenpflöcke. Die angespitzten zylindrischen Anhänger hier wurden aus einem Satz von Spielstäben umgearbeitet.

Oben: Die Theaterkunst war an der Küste hoch entwickelt, wobei dramatische Aufführungen oft durch ausgefeilte Requisiten betont wurden. Puppen wie diese wirkten bei Tänzen und Heilzeremonien mit. Sie waren oft mit Glimmerflitter geschmückt, um ihr Erscheinen noch spektakulärer zu gestalten. Außerdem hatten sie Gelenke, die über verborgene Fäden oder Stäbe bewegt werden konnten.

Rechts: So gekleidet könnte ein Tsimshian-Schamane vor seinem Patienten erschienen sein. Er stieß mit dem geschnitzten Stab auf den Boden, um seine Ankunft anzukündigen und begleitete seinen Gesang mit der Rassel, die er in der Linken hält. Seine Krone ist aus zweiundzwanzig Grislybär-Krallen gefertigt, und ein Seelenfänger-Amulett hängt von seiner Perlenhalskette.

mehreren vollwertigen Schamanen überwacht und unterstützt werden. Sie „sangen über ihm", um seine Macht zu festigen, damit er sie nicht verlöre oder von ihr besessen würde.

Zum Abschluß dieser Übungszeit veranstalteten seine Verwandten ein Fest für ihn, bei dem seine Stellung als selbständiger Schamane öffentlich bekanntgegeben wurde. Dabei wurde er auch in die Gruppe eingeführt, die seiner Dienste bedurfte. Bei einigen Stämmen diente das Fest auch dazu, ihn allgemein bekanntzumachen, was dort nötig war, wo die Schamanen – außer wenn sie eine Heilung oder sonst eine ihrer Aufgaben wahrnahmen – keine besonderen Kennzeichen trugen. Bei anderen Stämmen aber trugen sie ihr Haar in ganz bestimmter Weise oder führten Amulette mit sich, die sie auszeichneten.

Die meisten hatten die Macht zu heilen und wurden in Fällen ernster Krankheiten um Hilfe gebeten; im allgemeinen waren dies Fälle, in denen sich die Kräutermittel und eigene Magie der Familie als unwirksam erwiesen hatten. Die Rolle des Schamanen war ähnlich der eines modernen Psychotherapeuten, denn er wurde kaum, wenn überhaupt, gerufen, um ein körperliches Leiden zu heilen, es sei denn, der Patient war dem Tode nahe.

Diagnose und Behandlung wurden als eigenständig erachtet, und einige Schamanen spezialisierten sich auf das eine oder andere. Der Grund der Krankheit war entweder auf die Kraft eines bösen Geistes zurückzuführen oder die Folge von Hexerei, wenn sie von einem Krankheitsgegenstand stammte. Dies waren kleine Amulette – gewöhnlich zwei mit Haaren zusammengebundene Knochensplitter –, von denen man glaubte, sie seien von jemandem, der den Patienten krank wünschte, in dessen Körper geschickt worden.

Diese Gegenstände wurden durch Abtasten des kranken Körpers ausfindig gemacht oder in Trance, wenn der Schamane durch ihn „hindurchsehen" konnte, als wäre er transparent. Dann verkündete er die Ursache der Krankheit und stellte fest, ob eine Heilung möglich war oder nicht. Wenn dies außerhalb seiner eigenen Macht lag, nannte er vielleicht jemanden, der in der Lage war, die Heilung auszuführen. Die Heilmethode war verschieden je nach Art der Krankheit und der übernatürlichen Mächte, die zur Hilfestellung herbeigerufen werden sollten. Da die Schamanen ihre Arbeit individuell durchführten, hatte jede Heilung ihre Besonderheiten, aber nahezu alle bezogen eine Trance mit ein, die Beseitigung und „Wegsendung" oder „Tötung" des Leidens mit Hilfe von Geistern – und eine Bezahlung.

Die Verwandten des Patienten waren während des Heilungsritus zugegen. Eine typische Heilung mit Elementen aus der Praxis nördlicher Schamanen könnte folgendermaßen abgelaufen sein: Über den Boden verstreut lagen in scheinbar wahlloser, aber doch sorgfältig ausgerichteter Ordnung die von den Geistern des Schamanen verliehenen Symbole: eine Puppe mit Gelenken, ein Schädel, ein Stück geflochtene Zedernrinde oder ein kleines Kästchen mit Haizähnen und seltsam aussehenden Steinen. Der Schamane ging am Bett vorbei, sein angeschwärztes Gesicht glänzte im Schein des Feuers, seine Haare waren aufgedreht und zu langen, geflochtenen Zöpfen zwischen einem Kopfschmuck aus Grislybär-Pranken aufgeknäult.

Ein Helfer, vielleicht die Frau des Schamanen, schlug auf einer großen Kastentrommel einen monotonen Rhythmus im Takt mit der Rassel, die ihrerseits einen leise gesummten Gesang des Schamanen begleitete. Das Summen verstummte, und er hatte offensichtlich Schwierigkeiten, mit seinen geistigen Mächten Kontakt aufzunehmen. Einige Verwandte des Kranken setzten einen Stoß Decken in eine Ecke des Raumes, theoretisch als Bezahlung für die Dienste der Geister des Schamanen (obwohl sie letzten Endes meist an die Häupter der Sippe gingen und bei Potlatchen verwendet wurden). Als die Geister erschienen – erkennbar nur für den Schamanen, der sie an den Wänden des Hauses stehen sah – wurde das Summen lauter.

Mehr Waren wurden aufgehäuft, und dann begann der Schamane zu singen, wobei er seine Mächte um Unterstützung anflehte:

> „Ich bitte Dich, Übernatürliche Kraft, habe Mitleid und mach diesen unseren Freund gesund.
>
> Ich beschwöre Dich, Übernatürliche Kraft, habe Mitleid und nimm die Krankheit aus diesem unserem Freund, Übernatürliche Kraft!
>
> O, habe Mitleid, daß ich diesen unseren Freund am Leben erhalte, o Übernatürliche Kraft, daß ich diesen unseren Freund durch Dich heile, Übernatürliche Kraft.

Mach, daß ich leicht den Sieg über die Krankheit dieses unseres Freundes erringe, o Große Wirkliche Übernatürliche Kraft, Du Großer Lebensspender, Übernatürliche Kraft.“ (Boas, *Ethnologie*)

Das einschläfernde Dröhnen der Trommel erklang weiter, und der Schamane fiel in einen Trancezustand, wobei er einen Heilungsgesang anstimmte:

„Versuche, ihn durch (die ganze Zeremonie) kommen zu lassen, Kraftspender zum Durchhalten, Übernatürlicher.

Versuche, ihn durch und durch rein zu machen, Geber der Reinheit, Übernatürlicher.

Ich werde Dir kein Leid zufügen, ich werde Dir das Leben wiedergeben, Übernatürlicher.

Bete, bringe unserem Freund Leben, Du übernatürlicher Lebensspender, der Du bereits gelebt hast, Übernatürlicher.“ (Boas, *Ethnologie*)

Hierauf begann der Schamane, den Gegenstand des Übels zu entfernen. Wenn er dicht unter der Körperoberfläche lag, konnte er ihn durch ein Knochenröhrchen aussaugen, aber tiefer gelegene Gegenstände mußten herausmassiert und von Hand entfernt werden. Sobald er das schädliche Amulett ergriffen hatte, wurde er von der Gewalt dieses Geistes zurückgeschleudert, wobei er oft noch zwei Helfer mit sich riß,

die ihn an seinem weiten Gürtel festzuhalten versucht hatten. Ein heftiger Kampf folgte, in dem der Schamane die Stärke seiner eigenen Mächte gegen die der Krankheitsverursacher ins Feld führte. Seine Helfer strengten sich an, daß er nicht vollends aus dem Haus geschleudert würde, bis er endlich in der Lage war, den Geist zu beruhigen.

Er zeigte den Gegenstand seiner Zuhörerschaft oder wies als dessen Symbol einen mit Blut getränkten Ball aus Adlerdaunen vor und fragte sie, was er damit machen solle. Er konnte den Geist „wegschicken", indem er ihn durch das Loch für den Rauchabzug blies. Dies geschah, wenn der Geist zu der Person zurückkehren sollte, die für seine Aussendung verantwortlich war. – Bei einigen Stämmen würde er den Absender getötet haben, bei anderen jedoch hätte dies keine Wirkung auf ihn gehabt. – Der Schamane konnte den Geist aber auch „töten", indem er ihn ins Feuer warf.

Natürlich war der Gegenstand vor dem „Herausziehen" irgendwo am Körper des Schamanen versteckt gewesen, aber das wurde nicht als Betrug angesehen. Der Schamane war der Ansicht, daß die Geister ihm aufgetragen hatten, sie auf diese Art und Weise sichtbar zu machen, und da das Kunststück auf ihre Bitten hin geschah, war der Trick selbst übernatürlich. Ein Schamane konnte aber versuchen, den fingerfertigen Kniff, der beim Kunststück eines Gegners angewandt worden war, zu entlarven. Dieser mußte dann sterben vor Schande ob dieser Entblößung.

Die Macht eines Schamanen hing davon ab, ob seine Kontrolle über die Geister sich als wirkungsvoll erwies, deshalb konnte er es sich nicht leisten, bei seinen Heilungsversuchen zu häufig Mißerfolg zu erleiden. Er konnte der Kritik aus dem Weg gehen, indem er eine Krankheit als unheilbar diagnostizierte und ausrief, es sei ein Jammer, daß die Verwandten des Sterbenden ihn nicht gerufen hätten, bevor die Geister so sehr Besitz von dem Kranken ergriffen hatten. Auf ihr Drängen konnte er dann doch eine Heilung versuchen, aber er hatte sich selbst von der Verantwortung entbunden für den Fall, daß der Patient starb. Verlief die Heilung aber erfolgreich, dann hob dies sein Ansehen, denn er hatte jemanden vom Rande des Todes gerettet.

Mißerfolg bei Heilungsversuchen war einer der Hauptgründe, weshalb die Missionare die Autorität der Schamanen unterhöhlen konnten. Der Ankunft der Priester war eine Masern-Epidemie vorausgegangen, und die Kräfte der Schamanen hatten sich als unwirksam erwiesen, um die Ausbreitung dieser Krankheit zu verhindern. Dies geschah, obwohl die Schamanen versuchten, das Auftreten der Masern vorherzusagen, indem sie jeden benannten, der befallen würde, und indem sie geweihte Zeichen um die Häuser aufstellten, um das Übel abzuwehren. Die Missionare jedoch führten Impfstoffe mit sich. Deren erfolgreiche Anwendung brachte die Schamanen so sehr in Mißkredit, daß es vorbei war mit ihrem Einfluß und ihrer Macht. Sie waren selbst nicht mehr fähig, sich zum Widerstand gegen diese neuen Feinde aufzuraffen.

Obwohl das Heilen zu den wichtigsten und auch dramatischsten Aufgaben der Schamanen gehörte, war dies keineswegs die einzige Rolle dieser Leute. Die Hilfe eines Schamanen wurde stets in Anspruch genommen, wenn ein Seelenverlust zu beklagen war. Man glaubte, daß die Seele den Körper nachts verlasse, um in jene Andere Welt zu reisen, aus der die Träume stammen. Gewöhnlich kehrte sie vor dem Morgengrauen zurück, aber sie konnte auch so weit reisen, daß es für sie unmöglich war, rechtzeitig

Links: Diese Tlingit-Maske zeigt das Gesicht einer alten Frau. Sie wurde wahrscheinlich von einem Schamanen bei Heilungsriten getragen, da sie in seinem Totenhaus nahe Yakutat aufgefunden wurde. Die Unterlippe der Frau wird von einem Lippenpflock vorgeschoben. Nur hochgestellte Frauen hatten das Recht, ihn zu tragen; mit zunehmendem Alter wurde er immer größer; diese Frau muß sich eines hohen Standes und fortgeschrittenen Alters erfreut haben. Die Gesichtsbemalung zeigt ihre Stammeszugehörigkeit zu einem bestimmten Wappentier.

Oben: Mit Einlegearbeit versehene und eingeschnittene Seelenfänger waren die wichtigsten Gebrauchsgegenstände heilender Schamanen. Glaubte man, daß eine Krankheit darauf zurückzuführen war, daß die Seele den Körper verlassen hatte, so konnte man einen Schamanen verpflichten, die umherirrende Seele zu suchen. Er überlistete sie dann, in den Seelenfänger zu gehen. Die Öffnungen wurden an beiden Enden sorgfältig mit Zedernrinde-Pfropfen verschlossen. So konnte die Seele sicher zum Patienten gebracht und wieder eingefügt werden. Der hier gezeigte Seelenfänger wurde von einem Tsimshian-Schamanen verwendet.

zurück zu sein; oder sie konnte von Geistern, besonders denen der See, oder von einem Schamanen, der von einem Rivalen dafür bezahlt worden war, gestohlen werden. Eine umherirrende Seele konnte man mit Hilfe eines Seelenfängers zurückholen. Dies war ein eisernes oder knöchernes Amulett mit zwei Öffnungen, die die Seele aufnehmen sollten. Man glaubte, daß sie tatsächlich von dem „Fänger" verschluckt würde und daß der Schamane sie dann herausholen könnte, um sie seinem Patienten wieder einzufügen.

Einige mächtige Schamanen hatten die Fähigkeit, in die Andere Welt zu reisen, um wandernde Seelen zu suchen. Die Salish fügten bemalte Bretter zu einem Geisterkanu zusammen. Darin wurde eine pantomimische Reise zum Land der Toten durchgeführt. Im Gegensatz dazu machten sich die Schamanen der Nootka körperlich auf die Suche. Um die Hüfte des Schamanen band man eine Leine, damit er seinen Rückweg wieder finden könnte. Man glaubte, er würde eine Reise unter die See machen. Sie wurde nachts und außerhalb der Sichtweite aller Verwandten des Patienten durchgeführt. Die Verwandten hatte man aufgefordert, zu Hause zu bleiben. Der Schamane folgte den Spuren der Seele, während seine Helfer am Ufer warteten und mehr Leine gaben, je weiter ihn seine Reise wegführte. Bei seiner Rückkehr war er vollständig naß und blutüberströmt und trug in den hohlen Händen behutsam eine symbolische Seele (einen Ball aus Adlerdaunen).

Seelenverlust bedeutete nicht unmittelbar den Tod, aber einen äußerst langwierigen Prozeß zunehmender Mattigkeit. Häufig wußte jemand gar nicht, daß er daran litt, bis ein Schamane es bemerkte und es ihm mitteilte. Es war wichtig, daß die Seele so schnell wie möglich wiedergefunden wurde, denn je weiter sie wanderte, um so schwieriger und kostspieliger wurde eine Heilung. Wenn sie das Land-des-Ewigen-Todes erreicht hatte, war sie unwiederbringlich verloren, was mit ziemlicher Sicherheit zum Tod führte und außerdem verhinderte, daß man wiedergeboren werden könnte.

Manchmal, besonders wenn sich eine Heilung in die Länge zog, konnte der Schamane des Diebstahls (der Seele) beschuldigt werden, so als ob er sich dadurch den Lohn für die Heilung verschaffen wollte. Ganz allgemein nahm man an, daß jemand mit der Fähigkeit, Seelen zu suchen, diese auch stehlen könnte und daß jemand, der krank machende Gegenstände entfernte, auch die Macht hätte, sie einzupflanzen. Wenn man ihn beim Mißbrauch seiner Macht in dieser Weise ertappte, so erklärte man sein Verhalten damit, daß er von seinen Geistern gezwungen wurde, es zu tun. Der Glaube an die Herrschaft des Schamanen über seine Geister wurde in einer Wechselbeziehung gesehen mit der Macht der Geister, die den Schamanen zwingen konnten, gegen seinen eigenen Willen zu handeln. Man nahm an, daß seine Herrschaft nicht unumschränkt war, sondern daß er nur ihren Beistand erbitten konnte. Außerdem glaubte man, daß die Geister negative Kräfte besäßen, die nicht vollständig unterdrückt werden könnten.

Besessenheit war ein weiteres Gebiet, auf dem die Hilfe des Schamanen notwendig wurde. Dies war aber ein so kritischer Bereich, daß selbst der Schamane nur Hilfe leisten konnte, wenn die Besessenheit nicht vollständig war. Einen Geist konnte man auf dem Rücken seines Gefangenen festgeklammert sehen, als ob dort ihrer zwei wären, und der Schamane mußte seine eigenen Kräfte gegen die einsetzen, die seinen Patienten plagten. Diese besitzergreifende Macht zu verdrängen erforderte beträchtliche übernatürliche Anstrengungen, und nur wenige Schamanen versuchten es überhaupt mit einer Heilung. Wenn sie es dennoch taten und wenn der fragliche Geist selbst von einem Schamanen stammte, versuchten sie, ihn für sich zu gewinnen, denn die Gewinnung zusätzlicher übernatürlicher Hilfsquellen erhöhte das Ansehen.

Die Schamanen waren sich ihres Standes ebenso bewußt wie der Rest der indianischen Bevölkerung an der Nordwestküste. Zwei gegnerische Schamanen in hoher gesellschaftlicher Stellung konnten in einem „Kampf" ihre Kräfte messen, um das Ansehen zu gewinnen, das ein Sieg bringen würde. Wenn einer entschied, seine Geister hätten die seines Rivalen „getötet", lud er andere Schamanen ein, um „auf seines Feindes Gebeinen zu feiern". Da Laien diese Art von übernatürlicher Sehkraft nicht besaßen, konnten sie die Gebeine nicht sehen und gewannen den Eindruck, Zeugen eines pantomimischen Mahles zu sein. Inzwischen suchte der „tote" Rivale auf übernatürliche Weise seine „Knochen", damit sie wieder zusammengesetzt werden könnten. Ohne sie war er geistig tot, und der körperliche Tod würde mit Sicherheit folgen. Eine andere Art, den Rivalen zu vernichten, war das „Zu-Tode-Benennen". Dabei untergrub man die Stellung des Rivalen, indem man seinen Namen anstelle der Begriffe für Essen und Trinken gebrauchte: „Gib mir etwas (Name des Rivalen) zu trinken, ich bin durstig."

Links: Die Rassel eines Haida-Schamanen, verziert mit einem Mörderwal. Man sieht den Kopf eines kleineren Mörderwals im Maul des größeren. Das Gesicht eines Seeungeheuers ist in die Rückseite geschnitzt. Rasseln dieser Art wurden aus zwei Hälften hergestellt, die man zusammenband oder -nähte, nachdem der „Geräuschmacher" (Klöppel) eingefügt worden war. Die abgebildete Rassel enthält neun kleine Steine.

Oben: Der „Amhalayt" oder Kopfschmuck des Häuptlings war das wichtigste Stück, das bei Tsimshian-Potlatchen getragen wurde. Er war nämlich eng mit dem Übernatürlichen verbunden, von dem der Häuptling seine Macht empfing. Nur die besten Künstler wurden beauftragt, solche Stücke anzufertigen. Dieses hier hat ein ungewöhnlich ausgeglichenes Aussehen: Das große Gesicht ist von einem rechtwinkeligen Perlmuttrahmen umgeben. Durch eine Doppelreihe von Ungeheuer-Köpfen und eine Reihe von Köpfen mit Körpern, die den Rahmen umgeben, zieht es die Aufmerksamkeit auf sich.

Ganz links: Obwohl dieser Schurz eines Tlingit-Schamanen wie ein Tanzschurz der Chilkat konzipiert ist, trägt er aufgemalte visionäre Symbole anstelle der sonst eingewobenen Wappenzeichen. Hier sind die bemalten Flächen mit einer Stickerei umrahmt. Stachelschweinborsten wurden verwendet, um die Grundform des Schurzes zu wiederholen. Borstenarbeit zeigt den Einfluß der benachbarten Athabasca, mit denen die Tlingit in engem Handelskontakt standen.

Links: Vier Tage nach dem Tode eines Schamanen wurde sein Körper in einen Sarg gelegt, dessen Deckel mit Linien aus eingelegter Opercula verziert war. Dann stellte man den Sarg in eine kleine Hütte abseits vom Dorf, mit Blick auf das Wasser. Man glaubte, daß seine Geister zum Körper zurückkehren und den Verfall aufhalten würden; folglich blieben die Tlingit diesen Plätzen fern und brachten ein Opfer dar, wenn ein Kanu in Sichtweite dieser Hütten vorbeifuhr. Es gab, so sagt man, eine Ausnahme von dieser Regel: Wenn ein Schamanen-Anwärter keinen Kontakt zu einem Geist finden konnte, durfte er das Grab besuchen und einen Zahn des Toten entfernen. Wenn er diese gräßliche Trophäe in den Mund steckte, konnte er sicher sein, mit einem der einstmals von dem Toten beherrschten Geister Verbindung zu bekommen.

Die gleiche Art von „Kämpfen" war auch wichtiger Bestandteil bei Kriegen. Schamanen feindlicher Stämme quälten sich und ihre geistigen Helfer gegenseitig mit beleidigenden Tiraden. Das Ergebnis bestand recht häufig darin, daß der eine oder andere die Unterlegenheit seiner Kräfte zugab und fortging, um Verstärkung zu suchen. Dies bedeutete das Ende des Kampfes, der ohne körperliche Attacke ausgetragen worden war. David Samwell, ein Chirurg, der mit Kapitän Cook reiste, beschreibt eine solche Begegnung bei den Nootka:

> „Als die Kanus sich bis auf eine vernünftige Entfernung dem Gegner genähert hatten, legten die Leute ihre Paddel beiseite. Am Ufer ging ein Mann mit gewaltigen Schritten bis zum Rande des Wassers auf die gegnerische Gruppe los, den Speer in der Hand. Er hielt eine lange Rede und spuckte seine Worte mit äußerster Vehemenz aus. Speichel rann ihm unter anscheinend wildester Wut und seelischer Erregung aus dem Munde. Die Bewegungen seines Körpers entsprachen auf extreme Weise seiner Aufregung. – Alles in allem, sein Benehmen war das eines Mannes, der von Sinnen ist. Nachdem er seine Feinde einige Minuten lang oder bis zu seiner völligen Erschöpfung geschmäht hatte, kehrte er zu seinen Kameraden zurück und saß ruhig bei ihnen, als wäre nichts geschehen. Während der Zeit seiner Rede verharrten die Gegner stillschweigend; sobald er aber fertig war, fing einer von ihnen mit den gleichen heftigen Bewegungen und Gesten an und wies die Schmähungen und Beleidigungen zurück. Dieses Wechselspiel wiederholten sie einige Stunden lang, bis die große Flotte endlich aus der Bucht herauspaddelte." (Samwell, *Tagebuch,* 4. April 1778)

Da die Kräfte, die der Schamane zu beherrschen vorgab, außerhalb des Vorstellungsvermögens eines normalen Menschen lagen – eine Situation, die durch Heim-

Rechts: Holzfigur der Tlingit aus Yakutat als Erinnerung an den Eulen-Mann. Nach der Legende wurde der Eulen-Mann um 1890 bei Icy Bay von einem fallenden Baum getötet. Man fand ihn nur, weil Scharen von Krähen an ihm pickten. Die Holzfigur zeigt ihn mit Vogelkörper und menschlichem Gesicht; den Sockel bildet eine Krähe. Man sagt, die Figur sei aus dem Baum geschnitzt, der ihn tötete. Sie wurde bei Festen zu seinem Gedenken verwendet.

Ganz rechts: Ein Haida-Schamane ging allein in die Wälder, wo er sich bei einem Unfall beide Beine brach. Unfähig, ohne Hilfe zum Dorf zurückzukehren, verhungerte er, und sein abgemagerter Körper wurde erst einige Zeit später gefunden. Man schnitzte diese Holzfigur und stellte sie zur Erinnerung an dieses Ereignis neben sein Grab. Seine Füße sind so nach unten abgewinkelt, wie es jemand tut, wenn er auf dem Rücken liegt.

lichtuerei und Mystik bei den Schamanen-Ritualen absichtlich gefördert wurde –, neigte man dazu, die Schamanen mißtrauisch zu beobachten. Das Mißtrauen bezog sich jedoch eher auf die Möglichkeit eines Kunstfehlers als auf die eines Betrugs. Man konnte einen Schamanen für böse Magie dingen. Obwohl wenige von ihnen zugeben wollten, so etwas zu tun, glaubten die meisten Leute, daß sie es jedenfalls könnten, wenn sie nur wollten. Manche Schamanen, deren Mächte so stark waren, daß sie jeder möglichen Rache widerstehen konnten, gaben offen zu, solchen Zauber auszuüben, und sie wurden deshalb sehr gefürchtet.

Noch mehr gefürchtet waren die Zauberer, weil sie als ganz normale Menschen von einer boshaften Seele besessen waren, die sie nicht überwachen konnten. Es konnte ebensogut die vierjährige Nachbarstochter sein wie ein alter Großvater. Und man konnte sie nur identifizieren, wenn sie bei der Ausübung eines ihrer Rituale erwischt wurden. Weil ihre Kräfte gezwungenermaßen von Generation zu Generation vererbt wurden, verdächtigte man ganze Familien – obwohl nicht alle Mitglieder von der Zauberei infiziert waren. Ein Zauberer wurde sofort getötet, wenn seine oder ihre Identität entdeckt wurde – und zwar normalerweise von den Mitgliedern der eigenen Verwandtschaft oder Clangruppe. Nahe Verwandte konnte dasselbe Schicksal ereilen. Folglich hielten die Zauberer ihre Identität sorgfältigst geheim.

Der Bannstrahl eines Zauberers hatte alle möglichen Wirkungen: von einer unbedeutenden Reizung bis zu Mißgeschick, abnormem Verhalten und Tod. Leute, die z. B. logen oder stahlen, wurden für Opfer der Zauberei gehalten und konnten nur geheilt werden, wenn der Bann gelöst wurde. Dies erforderte aber die Kenntnis der Umstände, was wiederum die Identität des Zauberers verlangte, die kaum herauszufinden war. Ein persönlicher Gegenstand der als Opfer ausgewählten Person wurde mit Zauberei belegt – vielleicht ein Kleidungsstück, eine Haarlocke, etwas Immaterielles wie Atem oder im Normalfall seine Ausscheidung. Darüber wurden Zauberformeln gesprochen, vielleicht auch Kräuter gestreut oder ein Amulett daran geknüpft. Dann wurde der Gegenstand neben eine Leiche gelegt. Wenn jemand nachts in der Nähe eines Schamanengrabes gesehen wurde, verdächtigte man ihn sofort der Zauberei, da die Rückstände der Schamanenkräfte den Bann eines Zauberers beträchtlich verstärkten. Die am häufigsten besuchten Gräber waren die der erst vor kurzem Verstorbenen. Man glaubte, daß der Zauberer sich während solcher Ausflüge seiner Gestalt entledigen würde, und viele Tsimshian-Erzählungen berichten von Hunden, die unter dem Verdacht, verwandelte Zauberer zu sein, auf Friedhöfen getötet wurden. Neue Gräber wurden häufig von den Verwandten über eine rituelle Zeitspanne von vier Tagen – oder bis die Seele den Körper verließ – bewacht, um den Mißbrauch der Toten zur Hexerei zu verhindern.

Wenn jemand dachte, er sei behext, mußte er versuchen, die Identität der verantwortlichen Person festzustellen. Manche Schamanen, im besonderen Zwillinge, die hellseherische Fähigkeiten hatten, konnten dies möglicherweise ermitteln. Andererseits konnte sich der Verzauberte an die Geister der Bäume wenden, die ihm das Geheimnis im Traum enthüllten. Ein Beispiel eines solchen Gesuchs zeigt folgendes Kwakiutl-Gebet:

> „Freunde, wendet Euer Antlitz mir zu, schaut durch mich hindurch, Ihr Übernatürlichen, weil ich mit dem Todesbann belegt worden bin. Ich bin gekommen, Ihr Übernatürlichen, um Euch um Euer Mitleid und mein Leben zu bitten, da ich noch leben möchte. Hört mich an. Ich bitte um Eure Hilfe, Ihr Mächtigen, Ihr Lebensbringer, Ihr Wundersamen. Und dieses erbitte ich von Euch, Ihr Übernatürlichen, daß Ihr mich von der Macht der Zauberei erlöst, Ihr Mächtigen. Ich freue mich, daß Ihr mir einen schönen Traum in dieser Nacht bringt." (Boas, *Ethnologie*)

Manchmal wurde ein Zauberer unwissentlich mit seiner eigenen Hexerei bestraft. Ein ziemlich wohlhabender junger Mann mit vielen eifersüchtigen Rivalen wurde einmal während der Nacht von einer langen, an der Spitze mit Zedernrinde umwickelten Stange aufgeweckt, die durch ein Astloch in den Wandbrettern bis unter seine Nase gestreckt wurde. Er gab vor, ungestört weiterzuschlafen, aber als die Stange wieder abgezogen wurde, blickte er durch das Loch und erkannte die Person, die die Stange hielt. Er stellte sich eine ähnliche Stange her und hielt diese unter die Nase des Zauberers; dann vertauschte er die Stangen. Dadurch lenkte er des Zauberers eigene Magie auf diesen selbst zurück und „stahl ihm den Atem". Als der Zauberer einige Zeit später gerade beim Schwimmen war, begann er plötzlich nach Luft zu schnappen und ertrank.

Wenn jemand einen solchen unehrenhaften Tod fand, stieg er in die Wolken auf und man glaubte, daß Meteore herunterfallende Steine seines Scheiterhaufens seien. Die Tsimshian brachten ebenso wie andere nördliche Stämme das Nordlicht in Verbindung mit Mördern, die bei einem Versuch, zur Erde zurückzukehren, verbrannten. Für ihre Begriffe bedeutete „Morden" übernatürliches Töten und Zauberei; echte Mörder fand man selten, und Töten aus Rache in einer Fehde wurde nicht als solches angesehen.

Manche Gruppen, im besonderen die Salish und Kwakiutl, hatten eine so übertriebene Angst vor den Mächten der Zauberei, daß sie nicht mehr an einen natürlichen Tod glaubten. Alle sahen den Tod als eine Folge von Magie oder Geisterwerk. Selbst ein eindeutiger Unfall, wenn jemand ausrutschte und von den Felsen stürzte, wurde mit der Behauptung erklärt, ein Geist habe ihn gestoßen.

Die meisten Menschen traten bei ihrem Tode in die niedere Welt ein, obwohl sie enge seelische Beziehungen zu ihren lebenden Verwandten unterhielten. Dieser Kontakt wurde bestärkt durch den Glauben, daß sie nach einer rituellen Zeitspanne von vier Jahren wiedergeboren würden. Kurz vor seinem Tode verabschiedete sich der Kwakiutl von seinen Freunden und versprach, bald zurückzukehren:

> „Auf Wiedersehen, meine Freunde! Ich verlasse Euch, o Freunde!
> Auf Wiedersehen, meine Brüder! Ich verlasse Euch, o Brüder!
> Freunde! Nehmt es Euch nicht zu Herzen, daß ich von Euch scheide. O Freunde!
> Brüder! Nehmt es Euch nicht zu Herzen, daß ich von Euch scheide. O Brüder!
> Schwestern! Seid nicht traurig, daß ich Euch verlasse, o Schwestern!
> Von dem, der auf mich achtet, wurde mir erzählt, daß ich nicht lange wegbleibe, daß ich zurückkomme zu Euch, o Freunde!
> Ich will, Freunde, daß Ihr nicht traurig seid, wenn ich Euch verlasse. O Freunde!" (Boas, *Ethnologie*).

Mythos und Kosmologie

Links: Habichtgeist-Maske; charakteristisch ist der abwärts gebogene Schnabel, der die Oberlippe berührt. Für die Iris dieser Kwakiutl-Maske aus Alert Bay wurden kupferne Unterlegscheiben verwandt. Blaue, grüne, rote, schwarze, braune und weiße Bemalung machen die Maske zu einer farbenprächtigen Darstellung des Geistes. Leuchtend rot gefärbte Kükenfedern schmücken die Haartracht; menschliches Haar, ein Büschel Rinde und Zweige sind auf das Haupt genagelt. Adlerfedern umrahmen die Maske.

Traditioneller Glaube und Legenden der Nordwestküste begründeten eine komplexe und vielfältige Mythologie. Unter dem Sammelbegriff Mythen sind alle jene Geschichten zusammengefaßt, die vom Ursprung des Menschen und seiner Bräuche handeln und Bezug auf übernatürliche Verbindungen und Ereignisse nehmen. Da der Indianer in die Redekunst geradezu vernarrt war, wurden die Erzählungen durch zahlreiche Hinweise ausgeschmückt, die die Fabelwesen charakterisieren. Oft wechselte der Erzähler im Tonfall, um die verschiedenen Charaktere hervortreten zu lassen. Dies gab den Geschichten – zusätzlich zu ihrer halb-historischen Funktion als Erläuterung der Traditionen – einen Unterhaltungs- und Belustigungswert.

Sie berichteten von Ereignissen aus mythologischer Zeit – einer Periode, die „lange zurücklag", obwohl das Wie-lange unbestimmt blieb, denn es waren einfache Geschichten aus der Vergangenheit, die die Verhältnisse der Gegenwart erklärten.

Im Gegensatz zu anderen Völkern hatten die Indianer der Nordwestküste keine Schöpfungsmythen, und sogar ihre Erzählungen über früheste Geschehnisse gingen davon aus, daß die Welt bereits bestand, obwohl sie vielleicht mit Wasser und ewiger Dunkelheit überdeckt war. Auch gab es keinerlei Schöpfergestalt, außer einem ziemlich unklar umrissenen Häuptling-Über-Uns, der in einem Himmelshaus wohnte und indirekt das Menschenschicksal lenkte. Aber es ist gut möglich, daß diese Gestalt in der Mythologie erst nach Ankunft des Christentums auftauchte. Eine Unmenge von Geschichten aber handelt von den Ursprüngen natürlicher Erscheinungen – besonders der Berge oder Inseln, der Gewitter oder dem Wachsen der Bäume – oder erklärt die Umgestaltung der Elemente, wie die Entwicklung der rauhen Borke bei ursprünglich glatten Bäumen oder die Art und Weise, wie ein Tier eine dunkle Färbung annahm, wenn es von der Sonne verbrannt wurde.

Mittelpunkt der Geschichten über die Ursprünge und den Wandel war das Ur-Volk.

Es nahm am Anfang der Zeit die Welt in Besitz, aber nicht unbedingt in menschlicher Gestalt. Da sich Menschen und Tiere der realen Welt aus diesem Ur-Volk entwickelten, beziehen sich die Erzählungen auf Stämme, die aus z. B. Rabe, Nerz, Otter, Tümmler-Frau bestanden oder aus den Sonne, Mond und Sterne genannten „Leuten". Sie alle waren mit menschlichen Eigenarten ausgestattete Fabelwesen, deren Verhalten ebensoviel Ähnlichkeit mit der menschlichen wie mit der tierischen Welt hatte; natürlich erwartete keiner, daß sich ein richtiger Adler in derselben Weise verhalten würde wie der mythologische Adler, aber beide hatten Eigenschaften gemeinsam, wie einen scharfen Blick oder die Fähigkeit, sehr hoch zu fliegen. Da diese Wesen in Häusern lebten, verrichteten sie dieselbe tägliche Hausarbeit wie die Menschen und hatten viele Bräuche, die später diesen vorbehalten blieben.

Im folgenden Quileute-Mythos der Küsten-Salish, der die Entstehung der Sterne erklärt, wird die menschlich-tierische Natur des Ur-Volkes sehr deutlich ausgedrückt. In Übereinstimmung mit vielen anderen Mythen wird die Welt durch Taten geordnet, die sich auf dasselbe Hauptthema beziehen: Wal, Tümmler und Zaunkönig finden ihren richtigen Rang mehr oder weniger zufällig. Der Adler jedoch verschafft sich seine scharfen Augen auf Kosten der Schnecke. Der Mythos beginnt mit einem Potlatch:

> „Vor langer Zeit, als alle Dinge menschliche Wesen waren, war der Wal die mächtigste Person, so wie er heute noch das größte Tier ist. Seine Tochter, Fräulein Tümmler, war gerade in den Tsayik-Tanzverein aufgenommen worden, und der Wal gab ihr zu Ehren einen großen Potlatch."

Vor Beginn des Potlatch wurden zur Unterhaltung der Gäste verschiedene Wettkämpfe veranstaltet:

> „Der Wal erschien selbst. Er trug einen großen Eibenholzbogen, länger als irgendein heute wachsender Baum. Die Sehne bestand aus gedrehtem Waldarm, und der Pfeil, den er trug, war viele, viele Schritte lang."

Der Wal warf den Bogen ab und forderte seine Gäste auf, ihn abzuschießen, wobei er die Hand seiner Tochter als Preis aussetzte. Weder Bär noch Puma brachten es fertig, aber der Zaunkönig rief seinen Schutzgeist herbei und war erfolgreich, da er den Pfeil so hoch schoß, daß man ihn aus den Augen verlor.

> „Plötzlich bemerkte man, daß die Schnecke an dem Potlatch nicht teilnahm. Außerdem war bekannt, daß sie sehr durchdringende und scharfe Augen besaß. So wurde denn der Adler ausgesandt, sie zum Versammlungsplatz zu bringen. Nun war der Adler schon immer ein Dieb, wie noch heute. Er riß der schlafenden Schnecke die Augen aus, um sie sich selbst anzueignen. Darum hat der Adler so scharfe Augen, die Schnecke jedoch keine; noch heute benutzt der Adler die Augen der Schnecke."

Mit Hilfe der Schnecken-Augen zeigte der Adler dem Zaunkönig den im Himmel steckenden Pfeil. Der Zaunkönig schoß weitere Pfeile himmelwärts, jeden in die Kerbe des vorhergehenden, bis eine Kette zur Erde herabreichte. Zug um Zug kletterte das Volk an dieser Kette empor, bis es die Himmelswelt betrat, wo es an einem großen Fluß Rast machte.

> „Als unsere Leute dort lagerten, war es sehr kalt; aber jenseits des Flusses sahen sie ein Feuer. Nerz schwamm also hinüber und stahl ein paar glimmende Kohlen, steckte sie in seinen Regenhut und überquerte mit ihnen erneut den Fluß; aber seine Tat wurde entdeckt, kaum daß er auf die Seite der Erdenleute gekommen war.

Rechts: Das Tal des Skeena, durch das die Vorfahren der Tsimshian aus dem legendären Temlaxam hergezogen sein sollen, um den Entbehrungen des subarktischen Landesinneren zu entfliehen.

Augenblicklich hörte man auf beiden Seiten den himmlischen Schlachtruf. Bald wimmelte der Fluß von Kanus, und in unglaublich kurzer Zeit war die Schlacht in vollem Gange. Die Erdenleute wurden geschlagen, und bald versuchten sie, die Leiter in panischer Hast hinabzuklettern; aber das Schlimmste kam noch. Bevor die Hälfte von ihnen unten war, verlor die Leiter den Halt und fiel zur Erde. Sie riß alle mit sich, die darauf standen. Die anderen Unglücklichen sind noch immer im sternengeschmückten Himmelsgewölbe, denn sie konnten niemals mehr zurück in ihre alte Heimat.

Nach dem Fall der Leiter gab es großen Zwist im Hause Wal. Der Puma gab dem Wal und dem Zaunkönig die Schuld an allem, und sogleich begann ein Kampf. Der Puma zerkratzte dem Wal den Unterkiefer, so daß sich große Striemen und Furchen bildeten. Man kann sie an Kinn und Brust des Wals heute noch sehen. Um mit dem Leben davonzukommen, flüchtete sich der Wal mit seiner Tochter Tümmler in die See, wo sie seitdem leben. Zur gleichen Zeit machte sich der Zaunkönig, der auch stark verkratzt war, so klein, daß er durch ein Astloch in der Hütte entfliehen konnte. Dann nahm er seine Zuflucht in einem Busch und ist seither ein kleiner, sich überall versteckender Bursche.

Die Erdenleute, die noch oben waren, als die Leiter den Halt verlor, sind noch immer dort. Einige wurden zu Sternen. Andere wurden mächtiger als ihre Nachbarn und herrschen nun als Häuptlinge über ihre eigene Sphäre, aber niemand von ihnen konnte jemals zur Erde zurückkehren. Die große Schlange (die Milchstraße), die den dunklen Himmel umfaßt, den großen Elch und den kleinen Elch (großer und kleiner Bär), Puma, Bär, Stintnetz, Walstuhl (Cassiopeia), Rochen, Lachs, Zaunkönigs Fleischbrett (Delphinus), diese und viele andere mehr kann man in jeder sternklaren Nacht sehen. Der Regenbogen ist auch dort oben. Wir sehen ihn tagsüber. Wie ihr wißt, ist er ein großer Vogel; die großen farbigen Bögen, die wir sehen, sind seine Beine. Seine Füße sind mit mächtigen Krallen bewehrt, mit denen er oft festen Halt auf der Erde sucht; aber sein großer Körper, die Wolken, ragt in den Himmel, und obwohl er sich oft abmüht, kann er sich mit seinen Greiffüßen nicht auf die Erde ziehen. Vor langer Zeit, als der Regenbogen einer der himmlischen Gäste wurde, wurde auch ein Kind geboren, die Tochter eines der Erdenkinder. Dann und wann kommt die Mutter mit ihrem Kind wieder, der zweite Regenbogen, und säubert die Erde, um festzustellen, ob sie den Vater ihres Kindes sehen kann; aber seit diesem unglückseligen Tag hat sie ihn bis heute nicht gesehen. Weil sie ihn nicht finden kann, treffen sie und ihre Tochter sich und weinen. Ihr könnt ihre Stimmen im trauervollen Wind hören, ihre Tränen sind der Regen.“ (Jay Powell und Vickie Jensen, *Quileute: Eine Einführung bei den Indianern von La Push*)

Ein vollständiger Mythenzyklus beschäftigt sich mit der Umgestaltung der Erde. Es sind die Schwindlersagen. Sie handeln von einer Gestalt, deren neugierige Art und beständige Prahlerei sie immer wieder in Schwierigkeiten bringen. Obwohl es diesem Mann gewöhnlich gelingt, allen ernsten Folgen zu entgehen, verändert er bei seinen Versuchen, sich aus den Schwierigkeiten herauszuwinden, die Eigenschaften der Natur. Elemente dieses Sagenkreises findet man überall an der Nordwestküste. Parallelen dazu gibt es an vielen Stellen des amerikanischen Kontinents, so daß ähnliche Geschichten mit nur geringfügigen Unterschieden im Detail bei allen Völkern vorkommen.

Ein Schwindler wurde bei den Tlingit, Tsimshian und Haida Rabe genannt. Es ist wahrscheinlich, daß die Mythen in diesem Gebiet ihren Ursprung nahmen, denn der Zyklus ist hier am vollständigsten und breitete sich dann südwärts aus, wo der Rabe sein Gegenstück in den Gestalten von Nerz und Eichelhäher findet. Weil der Rabe der ursprüngliche Schwindler war, sind seine Geschichten typischer als jene der südlichen Gruppen, obwohl sie häufig alle mit dem Ur-Volk in Verbindung stehen.

Typisch für die Rabenerzählungen sind die Sagen, in denen dieser Vogel frisches Wasser stahl. In seinem Bemühen, rasch zu entkommen, verschüttete er aber Tropfen, die die Flüsse und Seen bildeten. In einem anderen Fall verleitete er die Seemöwe dazu, ihm Eulachon zu verschaffen. Er gab dann vor, ihn selbst in einem Fluß gefangen zu haben. Dies ärgerte den Häuptling, dem sie gehörten, und er ließ unbeabsichtigt alle Fische frei, als er die Falle unter seinem Haus kontrollierte. Feuer erhielt der Rabe, indem er sich als Hirsch verkleidete und seinen Schwanz anzündete. Als der Besitzer des Feuers ihn verfolgte, verbarg er sich unter den Bäumen, die zu brennen anfingen. Seitdem konnten die Menschen das Feuer nutzen.

Als Kopfschmuck waren die Sonnenwappen-Masken der Tsimshian gewöhnlich aus einem ziemlich flachen Holzstück geschnitzt und hatten Fortsätze, die die Sonnenstrahlen darstellten. Bei diesem Stück sind die Fortsätze mit Bildern von Seeungeheuern bemalt. Der große flache Teil der Maske spiegelte den Feuerschein wider, wenn der Tänzer sich bewegte, und rief den Eindruck einer glühenden Sonne hervor.

Die Wohltaten, die der Rabe durch Diebstahl vollbrachte, indem er Wasser, Fisch und Feuer den drei Häuptlingen wegnahm, die sie besaßen, waren offensichtlich von beträchtlichem Nutzen für den Menschen. Aber das war eigentlich nicht das Motiv für den Raben. Ihm lag vielmehr an der Befriedigung seiner eigenen Wünsche, und nur zufällig waren die von ihm verursachten Veränderungen dem Menschen nützlich. In vieler Hinsicht war er ein Draufgänger, obwohl er oft seine Zuflucht zu Schwindeleien nahm, und die Diebstähle versprachen größeren Erfolg gegenüber mächtigeren Gegnern. Seine Listigkeit zeigt der Diebstahl der Sonne. Dies ist einer der weitestverbreiteten Rabenmythen, der auch deutlich macht, wie der Rabe je nach Lust und Laune seine Gestalt ändern und sogar die menschliche annehmen konnte.

Der Rabe langweilte sich – noch eine seiner Eigenarten –, in einer Welt voller Dunkelheit zu leben (die Sonne wurde in der Himmelswelt festgehalten), und entschloß sich deshalb, das Heim des Himmelshäuptlings zu besuchen und die Schachtel mit der Sonne darin zu stehlen. Er bohrte ein Loch in die Wolken, durch das er die andere Welt betrat. Dann verwandelte er sich in ein Blatt, das auf einem Wasserbehälter schwamm. Die Tochter des Himmelshäuptlings verschluckte es, als sie von dem Wasser trank, und

Unten: Blick auf die Queen-Charlotte-Inseln. Verbannt aus seiner himmlischen Heimat, zu einer Zeit, da die Erde noch mit Wasser bedeckt war, wurde der Rabe des Fliegens müde. Er konnte aber keinen Rastplatz finden. Daher schuf er die Inseln, indem er mitgebrachte Steine fallen ließ oder mit den Flügeln auf das Wasser klatschte und die Spritzer dann in Felsen verwandelte.

Rechts: Heft eines Walknochen-Messers der Tsimshian. Es stellt einen Raben dar. Der edle Gesichtsausdruck dieser Schnitzerei zeigt die Kunstfertigkeit, für die die Tsimshian-Schnitzer bekannt waren.

wurde schwanger (Schwangerschaft durch Verschlucken eines Blattes, manchmal eines Ästchens oder einer Fichtennadel ist ein allgemein verbreitetes Sagenthema). Ihr kleiner Sohn, in Wirklichkeit der Rabe, bettelte ständig nach der Schachtel, bis der Häuptling sie ihm zum Spielen gab. Der Rabe nahm seine normale Gestalt wieder an, flog mit der Schachtel durch den Rauchfang heraus und kehrte zur Erde zurück.

Er fühlte sich sehr hungrig und wanderte eine Zeitlang auf der Suche nach Nahrung umher. Eine Gruppe Fischer, die er traf, wies ihn ab und gab ihm nichts zu essen. Ein alter Häuptling aber hatte Mitleid mit ihm und gab ihm etwas Eulachon. Der Rabe hieß ihn, die Augen zu schließen, da er die Schachtel öffnen wollte. Daraufhin wurde die Welt hell, und die ihn hatten hungrig weggehen lassen, wurden in Frösche verwandelt. In anderen Sagen waren die Fischer Geister, die verschwanden, als die Schachtel geöffnet wurde. Infolgedessen leben Geister nun im Dunkeln und besuchen des Menschen Welt nur nachts.

Der Hunger, den der Rabe in dieser Geschichte verspürt, ist ein Merkmal vieler Rabenlegenden. Extreme Gier ist tatsächlich sehr charakteristisch für alle Schwindlergestalten. Oft kommt der Rabe in schwierige Situationen, nur weil er sich nicht zurückhalten kann, Nahrung zu stehlen. Nach Legenden der Tsimshian wurde der Rabe nur deshalb so gierig, weil ihm von einem Sklaven namens Mund-an-beiden-Seiten ein Trick vorgeschwindelt worden war. Daraufhin fraß er die ganzen Vorräte des Stammes auf und wurde davongejagt, weil er die Leute mit einer Hungersnot bedroht hatte.

An Beispielen einiger anderer Sagen wird seine Gier sehr deutlich. In einer davon versucht er, einen Fischer zu ertränken, um dessen ganzen Fang fressen zu können. Der Fischer aber war ein halber Heilbutt, schwamm zurück, fing den Raben und versetzte ihm eine Tracht Prügel. Bei einer anderen Gelegenheit bat ihn die Krähe, ihr Kind zu heilen, da der Rabe über einige Schamanen-Kräfte verfügte. Er sandte die Krähe aus, Wasser zu holen, aber während sie weg war, stahl er den von ihr gefangenen Seehund. Ein anderes Mal fischte er mit dem Kormoran. Da dieser mit der Angel wenig Erfolg hatte, schlug er ihm vor, der Kormoran möge seine Zunge einschneiden und das Blut als Köder benützen. Dieser tat es und machte einen großen Fang, den der Rabe dann für sich beanspruchte. Da des Kormorans Zunge verletzt war, konnte er weder sprechen noch streiten. Bei einem Fest setzte der Rabe Kot vor dem Festhaus ab und trug ihm auf zu schreien „Der Feind kommt!". Daraufhin stürzten die Bewohner heraus, um das Dorf zu verteidigen. Sie ließen den Raben zurück, der alles auffraß.

Aber seine Schwindeleien waren häufig auch erfolglos, und manchmal erscheint er töricht und naiv. Dies hinterläßt den Eindruck einer Art Doppelcharakter: sehr klug im einen Augenblick, besonders wenn er versucht, einen Ausweg zu finden, aber äußerst leichtgläubig bei anderen Gelegenheiten. Zum Beispiel, als der Bär ihn zum Essen einlud und Fett auftrug, das er gewann, indem er seine Tatzen über das Feuer hielt und das Fett von seinen Fingern tropfen ließ. Als der Rabe dasselbe versuchte, verschrumpelten seine Finger und wurden schwarz.

Im Süden erzählt man sich mit dem Eichelhäher als Hauptfigur dieselbe Legende. Der Seelöwe sprach die Einladung aus und schnitt sich ein Stück Speck aus der eigenen Seite. Als der Eichelhäher den Seelöwen zu einem Gegenbesuch einlud, versuchte er, dies nachzuahmen. Er verwundete sich so ernsthaft, daß er fast gestorben wäre. Nach seiner Genesung besuchte der Eichelhäher den Seehund und erhielt dessen jüngsten Sohn zum Essen. Der Junge wurde wieder lebendig, aber des Eichelhähers eigener Sohn blieb tot, als er das Kunststück nachmachen wollte.

Der Eichelhäher verwandelte sich nicht so oft wie der Rabe und verlegte sich statt dessen auf Schwindeleien mit den Leuten. So überzeugte er sie, daß er einer von fünf gleichen Brüdern sei, so daß er fünfmal essen konnte. In einer anderen Sage forderte er den Seehund zu einem Vergleichskampf auf, um herauszufinden, wer am längsten unter Wasser bleiben könnte. Der Eichelhäher gab vor zu tauchen, versteckte sich aber in Wirklichkeit hinter einem treibenden Busch. Der Seehund wartete so lange auf ein Siegeszeichen für sich, daß er ertrank.

Der dritte Schwindler, der Nerz, hatte dieselben Eigenschaften wie der Rabe und der Eichelhäher, aber die Legenden um ihn haben oft ein sehr erotisches Element. Er verbrachte viel Zeit damit, sich Möglichkeiten auszudenken, seine eigenen Töchter zu überlisten und die anderer Leute zu verführen. Viele seiner Geschichten wurden zensiert, als die Europäer sie sammelten. Man sagt, daß die Indianer, die durchaus nicht prüde waren, diese erotischen Nerzsagen nur den Burschen erzählten. In Wirklichkeit konnten dabei aber auch die Mädchen mithören, wenn sie nur dicht genug dabei saßen, aber sie wurden aufgefordert, nicht zuzuhören!

Der Schwindler ist oft für die Endgültigkeit des Todes verantwortlich gemacht worden. Dies dürfte auch der Grund gewesen sein, weshalb der Zaunkönig sein Nest unterhalb der Särge baute, die damals hoch in den Bäumen aufgehängt wurden. In den Rabenmythen riet der Rabe dem Adler, dessen Sohn gestorben war, er möge den Verstorbenen in Frieden ruhen lassen. Als sein eigener Sohn starb, bereute er dies. Es bestand aber keine Möglichkeit mehr, seine Entscheidung zu ändern. In der folgenden Erzählung vom Eichelhäher wird den Toten die Rückkehr in die diesseitige Welt verboten, weil der Eichelhäher Mißachtung gezeigt hatte, als er das Land der Toten betrat.

Der Eichelhäher wollte seine Schwester besuchen, die einen Verstorbenen geheiratet hatte. Er dachte, daß das Land der Toten jenseits eines breiten Flusses läge, bekam aber keine Antwort, als er hinüberrief. Weil er den ganzen Tag auf Reisen gewesen war, fing er an zu gähnen; da die Toten zwar ein Gähnen, nicht aber ein Schreien hören können, schickten sie ihm ein leeres Kanu herüber. Der Eichelhäher erkannte, daß das Boot ein Bestattungskanu war, denn es hatte gebohrte Löcher am Boden, die das Regenwasser ausfließen lassen. Die Stimme seiner Schwester beruhigte ihn, und er stieg ein. Einige alte Knochen lagen im Kanu, die er in den Fluß warf. Als er das andere Ufer erreichte, schalt ihn seine Schwester, daß er beinahe seinen Schwager ertränkt hätte. Überall sah er Knochen und Schädel umherliegen, die er aus dem Weg stieß. Tatsächlich waren dies aber tote Menschen, die sich darüber sehr erzürnten. Als sich sein Verhalten nicht besserte, forderten sie ihn auf, das Land zu verlassen.

Man gab ihm die Warnung mit auf den Weg, er müsse bei seiner Rückreise fünf brennende Prärien überqueren. Zu seinem Schutz durfte er fünf Fässer mit Wasser mitnehmen. Das kleinste war für die erste Prärie bestimmt. Aber der Eichelhäher lehnte diese Vorschrift ab und fing mit dem größten Faß an. Als er die fünfte Prärie erreichte, hatte er zu wenig Wasser übrig; es ging ihm aus, als er in der Mitte war, und er verbrannte. Plötzlich befand er sich wieder am Fluß, wo ihn ein Mann in einem herrlichen Kanu erwartete, um ihn zu der Siedlung zurückzubringen, die dann voller Menschen war. Seither sind nur die Schamanen mit ihrer Macht, verlorene Seelen wiederzufinden, fähig, in das Land der Toten einzutreten und wieder zurückzukehren.

Das Land der Toten wird, wie in diesem Beispiel, regelmäßig so dargestellt, als läge es sehr nahe bei der Welt der Lebenden, obwohl von dort keine Rückkehr möglich ist. Es gibt direkte Verbindungen dorthin über die Hausfeuer und Grabstätten, und manche Tiere und Vögel, im besonderen die Eulen, wurden für verstorbene Seelen gehalten. Auch die Welten-im-Himmel liegen sehr nahe – gleich hinter den Wolken –, und nach den Mythen kann man sie über die Pfeilkette, über eine zu den Sternen aufsteigende Leiter, über einen von der Spinnenfrau herabgelassenen Faden und über den Regenbogen erreichen. Erde, Meer und Himmel werden durch bergige Inseln miteinander verbunden, die in diesem Gebiet der Küste direkt aus dem Wasser nach oben steigen und deren Gipfel mit Wolken gekrönt sind.

Das Bild, das sich die Indianer vom Dieseits und Jenseits machten, war in sich geschlossen. Sie hielten es weder für notwendig noch hatten sie den Wunsch, über diese Länder weit hinter den Seen oder tief im Weltall Spekulationen anzustellen. Eigentlich hielt der Kwakiutl das Meer für einen breiten Fluß, der nach Norden floß – der Quelle übernatürlicher Kräfte und wo auch der Menschen-Verschlinger-am-Nordende-der-Welt sein Haus hatte. Das gleiche fast anheimelnde Interesse an der nur unmittelbaren Umgebung verdeutlichen zahlreiche Mythen. Sie stellen dar, wie die Tiere ihre heutige Gestalt erlangten, oder sie beschreiben deren Ursprung. Ein Mythos erzählte z. B., daß der Rabe dadurch schwarz wurde, daß er in dem Rauchloch eines Hauses saß; einem anderen Mythos zufolge wartete er, bis sich alle anderen Vögel bemalt hatten, und er merkte zu spät, daß nur Schwarz übriggeblieben war.

Ein Mythos der Bella-Coola erzählt von einer Frau, die die Sonne heiratete. In einer Episode zündete ihr Kind alle Fackeln der Sonne auf einmal an, obwohl ihm gesagt worden war, es dürfe die kleinen nur morgens und abends und eine große mittags anzünden. Die Erde wurde dadurch sehr heiß. Das Hermelin versuchte, sich vor der Hitze zu schützen, und verbarg sich hinter einem Stein; aber seine Schwanzspitze lugte hervor und wurde schwarz versengt. Die Bergziege jedoch floh in eine Höhle und blieb ganz weiß. Eine sehr typische und bei allen Stämmen bekannte Geschichte erzählt, daß die Mücken aus der Asche eines Menschenfressers stammen, der vom jüngsten von fünf Brüdern verbrannt wurde als Rache dafür, daß er seine Familie gefressen hatte.

Die Mythen verleihen dem Ur-Volk nicht nur menschliche Eigenschaften, sie begründen auch Charakteristika tierischen Verhaltens. Hirsch und Wolf veranstalteten Lach-Wettbewerbe, und als der Wolf bemerkte, daß der Hirsch keine Zähne hat, fraß

Links: Bokwus, der Wilde-Mann-der-Wälder und Häuptling der Toten bei den Kwakiutl. Der skelettartige Bokwus lebte in einem unsichtbaren Haus tief in den Wäldern, wo er sich von verfaultem Holz und Maden ernährte, der Speise der Geister. Er bot Leuten, die ihm begegneten, so etwas wie getrockneten Lachs an, aber sobald sie es probiert hatten, starben sie und schlossen sich seinem Geistergefolge an.

Oben: Ein Beispiel der Bühnentechnik der Tsimshian. Dieses hölzerne Herz wurde von einem Tänzer verborgen, der ins Feuer geworfen wurde. Er kam mit einer schädelähnlichen Maske wieder hervor, aber sein Herz zeigte sich unversehrt; das Herz öffnete sich plötzlich und offenbarte eine Eule (unten). Da Eulen für die Seelen der kürzlich Verstorbenen gehalten wurden, könnte dies den geistigen Tod des Tänzers symbolisieren.

Rechts: Obwohl als „affenähnliches Gesicht“ katalogisiert, ist diese Tsimshian-Maske höchstwahrscheinlich als Schädel gedacht und soll vermutlich einen Leichnam darstellen. Sie wurde bei derselben Tanzfolge benutzt wie das Herz auf der vorigen Seite.

Ganz rechts: Eine bleistift-geschriebene Notiz auf der Rückseite dieser Schnitzerei lautet „Sitka 1810“, was sie den Tlingit zuordnen würde, aber sie wurde ziemlich sicher von den Haida gefertigt. Als „ein Seeungeheuer mit Frau auf dem Rücken“ beschrieben, zeigen die stumpfe Nase und die halbkreisförmigen Kiemenspalten hinter den Augen, daß ein Hundshai dargestellt sein soll. Die nackte Frauengestalt ist ungewöhnlich für Schnitzereien dieser Art. Ihre Bedeutung wird aber klarer, wenn man das Werk einer Haida-Sage aus dem Dorfe Massett zuordnet. Diese Sage berichtet, daß der Hundshai erst dann zum Wappentier erwählt wurde, als eine Frau von den Hundshai-Leuten entführt worden war zur Strafe dafür, daß sie etwas getan hatte, was ihnen mißfiel.

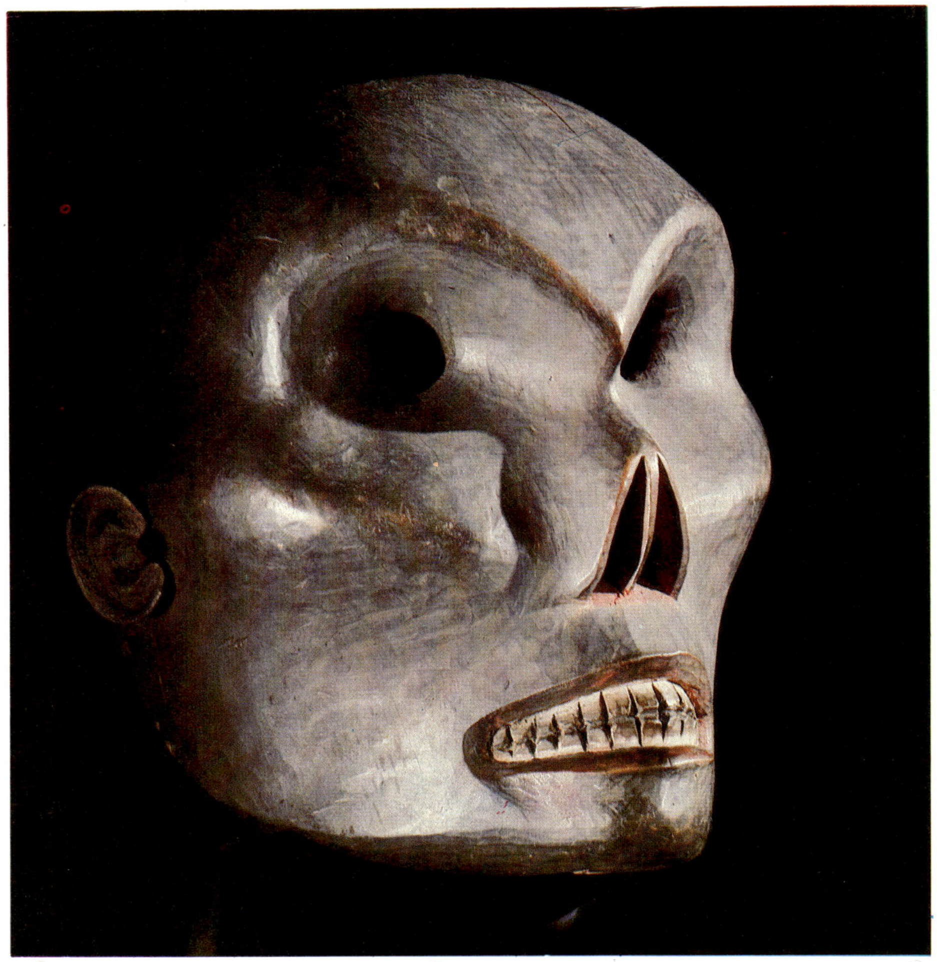

er ihn auf. Die Salish erzählen eine Geschichte vom Rotkehlchen, in der dieses seine Frau zu töten versuchte. Sie tauchte ins Meer und wurde zur Uferschnecke. Das Rotkehlchen bereute diese Tat und bemühte sich, seine Frau zur Rückkehr zu bewegen, indem es frühmorgens und abends sein Lied sang. Den Fabeltieren wurden oft übernatürliche Kräfte zugeschrieben: Die Nootka-Mythen z. B. geben den Mörderwalen die Fähigkeit, sich in Wölfe zu verwandeln. Die Tiere konnten ihre Kräfte benutzen, um die Natur zu kontrollieren: In der folgenden Erzählung brachte das Stachelschwein durch ein magisches Lied Wasser zum Gefrieren.

„Biber und Stachelschwein waren die größten Freunde und machten alles gemeinsam. Das Stachelschwein besuchte den Biber häufig in seinem Haus, aber weil es überall seine Stacheln verlor, hatte der Biber seinen Besuch nicht gerne. Einmal kündigte das Stachelschwein seinen Besuch an, und der Biber sagte: ‚Schön, ich werde Dich auf meinem Rücken mitnehmen.‘ Er schwamm los, aber statt nach Hause zu schwimmen, brachte er das Stachelschwein zu einem Baumstumpf mitten im See. Dann sagte er ihm: ‚Hier ist mein Haus‘, verließ es und schwamm zum Ufer.

Während das Stachelschwein auf diesem Stumpf saß, fing es an zu singen: ‚Laß es frieren, laß es frieren, damit ich hinüber zum Hause des Vielfraß-Mannes kann.‘ Es wollte über das Eis zum Ufer gehen. Die Oberfläche des Sees fror zu, und es ging zum Festland.

Nach einiger Zeit, als die beiden Freunde wieder zusammen spielten, sagte das Stachelschwein: ‚Komm nun, jetzt bin ich daran, Dich auf meinem Rücken zu tragen.‘ Der Biber stieg auf seinen Rücken, und das Stachelschwein brachte ihn ganz nach oben auf einen sehr hohen Baum. Dort verließ es ihn und kletterte wieder herunter. Eine ganze Weile wußte der Biber nicht, wie er wieder nach unten kommen sollte, aber endlich kletterte auch er zu Boden. Man sagt, daher komme das rauhe Aussehen der Baumrinden.“ (Stith Thompson, *Geschichten der Indianer Nordamerikas*)

Alle Mythen, die wir bis jetzt betrachtet haben, rankten sich um das Ur-Volk und/oder die Ur-Tiere, und die meisten beziehen sich auf einen Zeitraum, bevor die Menschen sich in Stämme oder kulturelle Einheiten unterteilten. Eine andere Art von Legenden erläutert die Ursache der Scheidung in viele verschiedene Sprachgruppen: die Erzählungen von der großen Flut. Nach diesen Legenden wurde das Land einmal völlig überschwemmt – es gibt tatsächlich archäologische Beweise, daß ausgedehnte Überschwemmungen stattgefunden haben –, und nur die Gipfel der Berge ragten aus dem Wasser. Bei ihren Bemühungen, vor der steigenden Flut zu flüchten, fuhren die Leute in Kanus davon und wurden so voneinander getrennt. Schließlich siedelten sie in verschiedenen Gebieten und gründeten dadurch die vielen Stämme entlang der Küste. Nach einer Sage der Tlingit versuchten sie alle, auf einem einzigen Floß zu flüchten, das auf einem Felsen strandete. Als das Wasser sich wieder zurückzog, wurde das Floß unter dem Gewicht entzweigebrochen, und die Tlingit, die in der einen Hälfte saßen, wurden von den anderen Leuten getrennt.

Viele Sagen von der großen Überschwemmung beginnen mit einer Auseinandersetzung unter dem Ur-Volk. Nach Angaben der Salish wurde die Flut dadurch verursacht, daß die Drossel, trotz der Warnung, etwas Fürchterliches würde passieren, gezwungen wurde, sich das Gesicht zu waschen. Während sie den Schmutz wegwusch, fing es an zu regnen, und dies hinterließ Streifen auf ihrem Gesicht, die heute noch zu sehen sind. Der Regen dauerte sechzig Tage und sechzig Nächte. Die Tlingit glaubten, der Rabe hätte die Überschwemmungen verursacht, indem er die Gezeiten-Frau aufgefordert hatte, das Wasser zu heben, damit er unter das Meer schauen könnte. Sie behaupteten, man könne oben auf den Berggipfeln noch die Ruinen von Steinmauern finden, die das Ur-Volk erbaut hatte, um dadurch das Wasser von den Zufluchtsorten der Leute fernzuhalten.

Eine andere Sage von der großen Flut – diesmal von den Haida – berichtet von einem eifersüchtigen Häuptling, der seinen Neffen vernichten wollte, da er ihn verdächtigte, ein Verhältnis mit seiner Frau zu haben. Zu diesem Zweck setzte er einen verzauberten Holzhut auf, der immer größer wurde, wobei Wasser herausfloß. Auch der Rabe kommt in dieser Geschichte vor, denn er schlug ihm den Hut vom Kopf und zerbrach ihn in hölzerne Ringe, die zufälligerweise zu Inseln in der Skidegate-Bucht wurden.

Andere Geschichten beschreiben die Zeit nach der Flut. Darin lebten die Leute in einer Umgebung, die im wesentlichen die gleiche war wie die heutige, obwohl sich die Ereignisse noch in mythologischer Zeit zutrugen. Sie stehen mit den vorgenannten Mythen in Zusammenhang und haben einige gemeinsame Motive, sie überschneiden sich häufig und machen uns die Zeitgrenze zwischen den Gruppen unbestimmt. Es sind Erzählungen darunter, in denen ein Mann die Holzfigur eines Tieres schnitzt – in der Regel ein Wal oder Seehund – und sie zum Leben erweckt. Es gibt auch solche, in denen ein Mann dadurch eine übernatürliche Fähigkeit erhält, daß er in einer Hausgemeinschaft mit Tieren wohnt – oft mit dem Lachs, der die Kraft ewiger Jugend verleiht.

Die Nootka-Wolfsmythen gehören in diese Gruppe. Sie zählen zu den bedeutendsten Tiersagen und bildeten die Grundlage für den Wolfstanz, die Winterzeremonie dieses Stammes. In diesen Mythen begegnet ein Mann den Wölfen, die ihre Macht dadurch zeigen, daß sie Tote zum Leben erwecken, indem sie magische Gesänge singen. Der ins Leben Zurückversetzte hat eine menschliche Natur, kann aber Wolfsgestalt annehmen, wenn er einen Wolfspelz überzieht. Aufgrund dieser Sage glaubten die Nootka traditionsgemäß, daß Tote als Wölfe wiedergeboren würden.

Die übernatürlichen Eigenschaften dieser mythologischen Gestalten, wie die der Wolfsgeschichte, sind weit verbreitet und haben viele Parallelen. Heirat mit Tieren kommt häufig vor und ist gewöhnlich mit dem Erwerb besonderer Kräfte über das entsprechende Tier verbunden; Erzählungen von Bär-Gatten und Hund-Gatten waren die bekanntesten von allen.

Die Sagen von Bär-Gatten beginnen mit der Entführung einer Frau, die die Bären dadurch beleidigte, daß sie Ekel zeigte, als sie in deren Kot trat. Die Bären nahmen sie mit in ihre Höhle, wo sie jedesmal, wenn sie sich erleichterte, ein Stückchen von ihrem Kupferarmband abbrach und dieses am Boden zurückließ. Dies überzeugte die Bären, daß ihr Kot tatsächlich ekelig war im Vergleich zu dem der Frau, und sie schonten ihr Leben. Sie heiratete den Sohn des Bärenhäuptlings und gebar Kinder, die zu Hause menschliche Gestalt hatten, wenn sie auszogen jedoch Bärenfelle trugen. Nachdem sie mehrere Jahre bei den Bären gelebt hatte, wurde sie von ihrem Bruder gerettet, der den Bär-Gatten tötete. Die Kinder, die ihre menschliche Gestalt behielten, konnten leicht Bären töten, weil sie ja verwandt waren.

Rechts: Detail des Adler- und Biberpfahls bei Tanu, einem Haida-Dorf südlich Skedans. Mit 16 m Höhe war dies einer der größten von den Haida geschnitzten Pfähle. Der Ausschnitt zeigt eine menschliche Gestalt, die einen Frosch hält. Dies stellt den Bezug zur Volkano-Frau her; ihr Bild auf dem Pfahl wird erklärt durch die Sage: Ein junger Mann warf einen Frosch ins Feuer und tötete ihn dadurch. Kaum hatte er es getan, da rief eine Stimme: „O, gib mir mein Kind zurück, mein einziges Kind!“ Nur eine alte Frau und ihre Tochter nahmen davon Notiz; sie hoben eine Grube aus, in die sie Vorräte einlagerten, und schliefen dort jede Nacht. Bald darauf wurde das Dorf von Rauch und Feuer verschlungen; nur die alte Frau und ihre Tochter waren in ihrer Grube sicher und wurden gerettet.

Unten rechts: Fliegender-Frosch als Kopfschmuck der Tsimshian. Viele fliegende Frösche kamen zwei Jahre nach dem Verschwinden der Stammutter eines Froschclans aus einem See. Kurz darauf sah man ein Hausfront-Gemälde auf dem Wasser treiben. Darauf saß eine Frau – ihre Knie, Brüste, Augenbrauen und Handrücken waren übersät mit Fröschen. Seither war der Frosch ein besonderes Wappentier.

Ganz rechts: Die nördlichen Stämme benutzten viele Verwandlungsmasken. Sie wurden im entscheidenden Moment bei einem Tanz geöffnet, um die verschiedenen Charaktere der dargestellten Wesen zu enthüllen. Diese Haida-Maske zeigt beim Öffnen ein menschliches Gesicht und drückt damit die Dualität Mensch/Tier des Geistes aus.

In den Hund-Gatten-Geschichten nahm der Haushund einer jungen Frau nachts menschliche Gestalt an, und sie hatten eine sexuelle Beziehung, aus der fünf junge Hunde geboren wurden. Der Stamm ließ die Frau im Stich und henkte ihren Mann, aber die Krähe hatte Mitleid und überließ der Frau Feuer, damit sie nicht völlig hilflos war. Jeden Tag hörte sie Kinderstimmen aus dem Haus schallen, während sie Nahrung sammelte. Sie blickte also durch einen Spalt in den Hausbrettern und sah die Hündchen in menschlicher Gestalt; ihre Hundefelle hingen an der Wand. Durch Verbrennen der Felle zwang sie ihre Kinder, Menschen zu bleiben. Sie merkten, daß sie die Fähigkeit hatten, sehr leicht Nahrung zu finden, und als der Stamm infolge Nahrungsmangel zurückkehrte, verzieh er der Frau. Die Kinder wuchsen als Häuptlinge auf.

Obwohl in den obigen Sagen eine Person besondere Macht über eine bestimmte Tierart erlangte, indem sie eine Verbindung mit ihr einging, wurde dies nicht notwendigerweise dazu benutzt, um den Ursprung spezieller Clans herzuleiten. In den Bär-Gatte-Sagen zwang das Inzestgesetz die Frau, in einen anderen als den Bärenclan einzuheiraten. Weil ihre Kinder die Clanzugehörigkeit von der Mutter erbten, gehörten auch sie zu einer anderen als der Bärensippe. Die Clans hatten ihre eigenen Ursprungsmythen, die sich im allgemeinen von den Tiermythen dadurch unterschieden, daß sie Claneigentum waren. Nur der Clan, der sie besaß, durfte sie vortragen, weil sie den Erwerb übernatürlicher Kräfte bewiesen, auf die ausschließlich dieser Clan das Anrecht hatte.

Clansagen verschmolzen fast unmerklich mit Heldengeschichten, einer Gruppe von Erzählungen, die Heldentaten solcher Menschen zum Mittelpunkt hatten, die übernatürliche Gewalten besiegten. Einige dieser Sagen gehörten der Allgemeinheit, während andere Besitz bestimmter Familien waren. Die letzteren versuchten, die Geschichte als Abfolge mythischer Ereignisse darzustellen, die manchmal sogar auf Tatsachen beruhten. Sie wurden eifersüchtig gehütet, und ihre wahre Bedeutung war oft nur den Besitzern bekannt.

Die Heldensagen handelten von Gestalten wie Stein-Rippe oder Träger-Junge, die auszogen und Mächte zerstörten, die den Fortbestand des Stammes bedrohten. Stein-Rippe konnte dies, weil sein Körper fast vollständig aus Stein und er damit praktisch unverwundbar war. Die Mythen vom Trägen-Jungen handeln von einem Knaben, der fast ständig schlief und daher Ziel des Spottes für den Stamm war. Aber wenn Gefahr drohte in Gestalt eines anstürmenden Waldes, der das Dorf in die See drängen wollte, dann wachte der Knabe auf und zeigte seine ungeheure Kraft, indem er den Wald aus dem Gefahrenbereich zurück zwang. Nach mehreren ähnlichen Abenteuern ging er fort, um seinen Großvater wieder damit zu betrauen, die Welt an einer langen Stange zu halten und den Menschen die Moral beizubringen, sich über niemanden lustig zu machen, den sie nicht kannten.

Andere Heldensagen berichteten von Reisen zu anderen Welten und von den Prüfungen, die dabei bestanden werden mußten. Eine Prüfung z. B. bestand darin, daß der Schwiegersohn der Sonne (ein Mensch) zu folgenden Heldentaten herausgefordert wurde: Er mußte mitten im Winter frische Beeren bereitstellen oder wilde Tiere mit weichen Pfeilspitzen erlegen. Ein andermal mußte er sich der erdrückenden Übermacht weitaus stärkerer Kräfte stellen, wie dem Strudel, dem Nordwind und dem Eis.

Obwohl die Abstammungslegenden, die während der Winterzeremonien vorgetragen wurden, diesen Heldensagen ganz ähnlich waren, war doch der religiöse Gesichtspunkt dieser Mythen zweitrangig. Weit mehr Nachdruck wurde auf die Bedeutung der Mythologie gelegt als einer Erklärung für die Stellung des Menschen in der Welt und zur Festigung traditioneller Bräuche. Während der langen kalten Winterabende scharten sich die Kinder um das Feuer, um den Erzählungen des Großvaters zu lauschen: über die Herkunft des Feuers und die Entstehung der Seen; über Träger-Junge, Hirsch oder Stachelschwein; und wie ihr Ururgroßvater Monate verbracht hatte auf der Suche nach dem Bären, der seine Schwester geraubt hatte. So wuchs jedes Kind auf mit einem Verständnis für die Art und Weise der Entstehung von Welt, Mensch und Tier und mit einem Wissen um die Heldentaten der übernatürlichen Wesen und ihrer mythischen Stammväter.

Tanz und Zeremonie

Seit Anbeginn der Zeiten, von den frühesten Sammlerkulturen bis zu unserer heutigen Zivilisation, versuchte der Mensch, seine Welt zu begreifen, indem er unsichtbaren Kräften und göttlichen Mächten verschiedene Rollen zuordnete. Verhalten und Rituale, die diese Kräfte beeinflussen oder verehren sollen, können als „Religion“ bezeichnet werden. Obwohl keine der Sprachen an der Nordwestküste ein Wort kennt, das diesen Begriff übersetzen würde – schließlich sah der Küstenindianer weltliches und religiöses Leben als untrennbar an und machte diese Unterscheidung nicht –, ist das Wort „Religion“ dennoch anwendbar als Zusammenfassung des Glaubens, der in den Winterzeremonien seinen Ausdruck fand.

Während der Zeremonien führten Tänzer die Tänze und Lieder auf, die sie von den verschiedenen übernatürlichen Geistern erhalten hatten. Da ein solches Tun echte oder vorgetäuschte „Besessenheit“ verlangte, fanden diese Ereignisse zu einer Zeit statt, zu der eine Gemeinschaft mit den Geistern leichter herbeizuführen war. Die Geister weilten nie weit von der Indianerwelt entfernt; in unmittelbarer Nähe glaubte man sie jedoch während der kalten Monate, weshalb man sie dann mühelos herbeirufen konnte. Der Winter war also die „Übernatürliche Saison“ oder „Zeit des Tabus“ (in bezug auf zeremonielle Einschränkungen), in der die wichtigsten Riten veranstaltet wurden. Dies war auch der Zeitraum, in dem man beträchtlich viel Zeit mit religiösen Verrichtungen verbringen durfte. Nun waren die großen Zusammenkünfte möglich, als wesentliche Voraussetzung für die Zeremonien. In den Sommermonaten war dies ausgeschlossen, denn man mußte sich um ausreichende Wintervorräte kümmern.

Ein großartiger zeremonieller „Shakeyet“-Kopfschmuck der Tlingit aus Kupferblech. Er stellt einen Hundshai dar mit einem kleineren Gesicht auf der Stirn und ist mit Perlmutt eingelegt.

Zwei Hauptarten von Zeremonien sind deutlich zu unterscheiden: Geistergesang und Tanzgemeinschaft. Unter Geistergesang verstand man die Darstellung persönlicher Kräfte, die jemand durch direkte Verbindung mit einem Geist in Traum oder Trance erlangt hatte. Zu den Tanzgemeinschaften gehörten religiöse Sekten mit geordneten Tanzstellungen, in denen oftmals parallel die Rangordnung der Unterstämme ihren Ausdruck fand. Die Reihenfolge der Geschehnisse, die bei den Ahnen zum Erwerb geistiger Kräfte geführt hatte, wurde in diesen Zeremonien dramatisch dargestellt. Führungspositionen wurden in den Tanzgemeinschaften streng begrenzt und durften nur von Leuten eingenommen werden, die ein Erbrecht darauf hatten.

Aller Wahrscheinlichkeit nach war der Geistergesang vorherrschend, bis die Europäer kamen. Dies läßt sich schließen aus seiner weiten Verbreitung in den umliegenden Gebieten und aus seiner stetigen Anwendung durch die Schamanen, die meist traditionsbewußte und konservative Mitglieder der Gesellschaft waren. Nach Ankunft der Europäer wuchs der Wohlstand durch Handel und damit die Wertschätzung von Status und Rang im weltlichen Leben. Und weil beide eng verbunden waren, änderten sich auch die religiösen Traditionen. Infolgedessen wurde eine ähnliche Rangstruktur in den Zeremonien aufgenommen, und der Geistergesang wurde von den Tanzgemeinschaften wegen deren Hierarchie von privilegierten Positionen verdrängt. Weil sich die grundlegenden religiösen Denkweisen zwischen den einzelnen Stämmen nur geringfügig unterschieden, breiteten sich diese Rangelemente durch Heirat, Handel und Kampf rasch aus, bis Ende des 19. Jahrhunderts nur noch die südlichen Salish die vollständigen Geistergesang-Riten beibehielten.

Am stärksten vertreten waren die Tanzgemeinschaften bei den nördlichen Kwakiutl, den Bella-Bella oder Heiltsuk. Offenbar breiteten sie sich von hier aus auf die benachbarten Gruppen aus, von denen viele Kwakiutl-Namen für ihre Tanzfiguren gebrauchten und Lieder in der Kwakiutl-Sprache sangen. Die Haida und Tsimshian führten ihre Tänze direkt auf Anleihen bei den Bella-Bella zurück, und die Tlingit, die von den Tsimshian abzustammen behaupteten, standen indirekt mit der gleichen Quelle in Verbindung. Kwakiutl-Einfluß wurde auch bei den Salish-Stämmen am nördlichen Ende der Insel Vancouver sichtbar. Nur der Nootka-Wolfstanz paßt nicht in dieses Muster; aber selbst er hat viel Ähnlichkeit mit der Kwakiutl-Zeremonie, was eine gewisse Verwandtschaft zwischen den beiden sicher macht.

Für Zeremonien brauchte man Schnitzereien und bemalte Totemfiguren, die sich völlig von denjenigen unterschieden, die man für andere Anlässe hatte. In der Wintersaison wurde ein Haus geweiht, indem man die normalen Wappen dort entfernte oder überdeckte und durch die Wappen der religiösen Sekten ersetzte. Die Tänzer trugen häufig Kostüme, die die Charaktere der Geister symbolisierten, von denen sie beeinflußt waren.

Bei den Salish, wo die Tänze persönlich waren und der Status kaum eine Rolle spielte, blieben die Schnitzereien einfach. Oft bestanden sie nur aus einem flachen Brett mit Reliefs von Otter oder Nerz und einfach geschnitzten Statuen von Willkommensfiguren mit ausgestreckten Armen. Obwohl sehr schlicht, haben sie eine Ausdrucksstärke, die der Kunst anderer Gebiete manchmal fehlt. Die Kwakiutl, die vom Statusdenken geradezu besessen waren, gelangten zum entgegengesetzten Extrem. Im späten 19. Jahrhundert hatten sie grell bemalte Schnitzereien entwickelt, die übereinander liegende Wappenfiguren zeigten. Viele ihrer frühen Figuren waren bis ins Detail ausgearbeitet, andere hingegen konnten mit dem einfachen Stil der Salish verglichen werden. Später wurden bemalte Bilder mit eingeschnittenen Linien umrahmt, und komplizierte Formen direkt auf glatte Flächen gemalt. Die Kwakiutl-Künstler hatten wahrscheinlich Schwierigkeiten, eine steigende Nachfrage nach ihren Werken zu befriedigen, die sich durch den vermehrten Reichtum an Gütern ergab. Deswegen entwickelten sie eine Technik, mit der ziemlich anspruchsvolle Schnitzereien wesentlich schneller angefertigt werden konnten. Manche Kwakiutl-Masken waren vielgestaltig; es gehörten mehrere Köpfe dazu oder eine Anzahl von Überzügen, die verschiedene Charaktereigenschaften des Geistes ausdrückten. Sie konnten durch Ziehen an einer Schnur enthüllt werden. Immer waren die Masken bemalt, und viele trugen Kupferstreifen über der Stirn oder Kupferscheibchen für die Augen, als Zeichen der Familie, der sie gehörten. Normalerweise wurden sie an einen Umhang aus Zedernrinden geknüpft, der die Schulter bedeckte, und wenn sie zusammen mit einem zeremoniellen Kostüm getragen wurden, wurde der Tänzer völlig als mythologische Figur verkleidet. Als die Masken besser herausgearbeitet wurden, vergrößerte sich auch ihr Format: die Hoxhok-Maske eines sagenhaften Vogels, der Menschenschädel mit seinem langen Schnabel zerbrach, konnte so groß sein, daß der eigentliche Besitzer sie bei tänzerischen Darbietungen nur tragen konnte, wenn seine Helfer das Gewicht mittrugen.

Die Kunst anderer Gruppen wurde weniger durch die Großartigkeit der Riten beeinflußt. Tlingit- und Tsimshian-Kunst behielten ihre Zierlichkeit und Eleganz bei, und Totempfähle und Masken zeigen nur eine feine Spur Farbe. Die Nootka schnitzten kühn und kräftig, aber nicht so prachtvoll wie die Kwakiutl. Sie etablierten sich als Maskenkünstler und -schnitzer für einige südliche Stämme. Einige der eindrucksvollsten Schnitzerein stammen von den Haida, deren künstlerische Begabung an der Küste ohnegleichen war. Sie fußte auf ineinandergefügten Figuren, die ein hochentwickeltes Gefühl für Form und Raum zeigten, und war maßvoll in der Farbgebung, um wichtige Skulpturelemente hervorzuheben. Durch einen von Masern und anderen europäischen Krankheiten hervorgerufenen Bevölkerungsschwund wurde ihre Holzbearbeitungs-Tradition leider sehr früh und auf verheerende Weise abgebrochen.

Weil Salish-Geistergesang und Kwakiutl-Tanzgemeinschaften die beiden extremsten Beispiele der religiösen Bräuche bilden, gibt ein Vergleich ihrer Eigenarten ein allgemeines Bild des Glaubens an der gesamten Nordwestküste.

Oben: Detail einer Kastentrommel der Tlingit, die bei ihrer Benutzung wohl von den Dachsparren herabhing. Auf beide Seiten ist ein Mörderwal gemalt. Sie gehörte früher Häuptling Shakes, wurde aber als Teilzahlung für einige Sklaven abgegeben.

Links: Die Küsten-Salish führten nur einen maskierten Tanz auf, bei dem diese ganz bestimmte Art von Xwé-Xwé-Maske benutzt wurde. Der Tanz bezog sich auf ein übernatürliches Wesen, das vom Himmel herabgestiegen war, um sein Leben am Grunde eines tiefen Sees zu verbringen.

Ganz links: Der Tlingit-Schamane empfing seine Macht manchmal in einer Vision, in der ihn der Kranich auf seinen Hals klettern ließ; der Vogel flog dann große Strecken oder tauchte in die See. Dieser alte Tanzstab eines Schamanen ist mit Symbolen einer solchen Vision verziert. Der Stab hatte die Gestalt eines Kranichs, der einen Hexengeist im Schnabel und die sich zurücklehnende Figur eines Schamanen auf dem Nacken trägt.

Die Salish erlangten persönliche Schutzgeister entweder während der Geistersuche oder, seltener, von einem Schamanen, der jemandem die geistige Kraft „einhauchte". Im Gegensatz zu den Kwakiutl, die mit bestimmten Geistern nur dann Kontakt aufnehmen konnten, wenn sie dazu die Vorrechte besaßen, konnte jeder Salish-Indianer nach dem Erwerb dieser Kräfte streben, weil dafür keine Privilegien vorausgesetzt waren. Andererseits legten solche Kräfte ihrem Inhaber strenge Verpflichtungen auf, und manchmal erhielt man sie gegen seinen Willen. Dies bedeutete, daß der Empfänger zu jeder Zeit von Besessenheit befallen werden konnte. Sie konnte z. B. von einem plötzlichen Geräusch oder einem Blitz ausgelöst werden, besonders im Winter, wenn die Geister immer ganz in der Nähe waren.

Der ekstatische Trancezustand als Folge von Besessenheit wurde „Geisterkrankheit" genannt. Sie konnte nur geheilt werden, indem man sich durch Geistergesang Luft machte. Der Glaube der Salish an diese Wirkung ist so stark, daß das Unvermögen, seine Wucht zum Ausdruck zu bringen, auch heute noch physisches Unwohlsein bewirkt. Geistige Kraft wurde jedoch nicht durch jede übernatürliche Begegnung erlangt; eine Person konnte dabei symbolisch den Tod finden, worauf ein Schamane herbeigerufen wurde. Wenn die Ursache eine gewöhnliche Krankheit war, versammelte er seine Medizingeister um sich. Seine Tanzgeister aber rief der Schamane, wenn der Patient übernatürliche Kräfte erhalten mußte.

Wenn die Geister herbeigerufen waren, mußte sich der Patient einer Einleitungsprozedur unterziehen, die „wie eine Quälerei" beschrieben wurde. Sie hatte den Zweck, auf die zur Behandlung der starken übernatürlichen Mächte benötigte Kraft besonders hinzuweisen. Dies verlieh dem Patienten die nötige Ausdauer, um durchhalten zu können bei dem Tanz, den er später bei den Zeremonien aufführen mußte. Während der vier Tage ritueller Isolation standen einem unerfahrenen Neuling die Mächte des Schamanen zur Seite. Sein „Zauberstab" und seine Hirschhuf-Rasseln waren stets greifbar. Ebenso waren die „Babywächter" da, eingeweihte Tänzer, die den Patienten aufweckten, wenn er zu schlafen versuchte, und die ihn mit schweren Decken zudeckten, um ihn zum Schwitzen zu bringen. Sie reichten ihm Nahrung und Wasser, zogen aber alles zurück, wenn er essen oder trinken wollte. Außerdem schlugen sie direkt bei seinem Kopf einen andauernden Rhythmus auf der Hirschhaut-Trommel.

Am Ende der Abkapselung wurde der Eingeweihte „wiedergeboren" und darauf vorbereitet, weitere Visionen zu suchen, in denen er die endgültige Form seines Tanzes und Gesanges finden würde. Obwohl sie seine persönlichen Angelegenheiten waren, erforderte ihre Ausübung öffentliche Anerkennung. So wurden denn mehrere verwandte Stämme zu den Winterzeremonien der „Dramatisierung der Träume" eingeladen. Wenn ein Tänzer zu einer anderen als der Winterzeit „besessen" wurde, hielt man unmittelbar danach eine kleinere Zeremonie ab, um ihm oder ihr eine Vorführung des Tanzes zu ermöglichen und dadurch ein stetiges Besessensein dieser Person zu verhindern. Es konnte eine Art Prozession durch das Dorf sein, wenn der Tänzer einige der bedeutenderen Häuser betreten wollte. Dabei konnten andere Tänzer von der Natur dieses Geistes beeinflußt werden, wenn er dem ihren ähnlich war, und sie konnten dann ebenfalls zu tanzen beginnen.

Wenn während der Winterzeremonien zahlreiche verschiedene Geister anwesend waren, konnten an einem einzigen Abend mehr als hundert Tänzer zu deren Darstellung inspiriert werden. Die verschiedenen ortsansässigen Gruppen der Stämme saßen nach Stammeszugehörigkeit geordnet um das Langhaus, und jeder Tänzer war von den Leuten umgeben, die für seine Einführung verantwortlich waren; ein Mann konnte z. B. statt bei seiner eigenen Familie bei der seiner Frau sitzen. Dies wurde als Ehrenbezeigung angesehen. Es war aber unbedingt notwendig, da nur die Trommler, die die Gruppen begleiteten, wenigstens theoretisch den Rhythmus seines geheimen Gesanges kannten. Eigentlich waren viele Gesänge standardisiert und wurden jeden Winter einige Male vor denselben Zuhörergruppen vorgetragen, so daß jeder sie kannte, ob-

Rechts: Diese alte Tsimshian-Maske ist wahrscheinlich ein Porträt. Die Bemalung ist besonders eindrucksvoll. Rote Handabdrücke auf den Wangen lenken die Aufmerksamkeit auf den Mund und die Stimme des Tänzers.

Rechts: Dieser Tanzschurz der Chilkat-Tlingit ist aus Bergziegen-Wolle gewoben und auf ein Karibuhaut-Futter genäht, das auch den breiten Fransensaum bildet. Solche Schurze wurden bei zeremoniellen Anlässen um die Hüfte getragen, sonst jedoch sorgfältig in Hüllen aus Bärendarm gewickelt und in Holzkisten aufbewahrt. Diese äußerste Sorgfalt zeigt den hohen Wert der Schurze und gibt eine Vorstellung von der Arbeit, die in ihrer Herstellung steckte. Die Fertigung konnte bis zu einem Jahr dauern.

Ganz rechts: Die bemalte Borte des Karibuhaut-Umhangs eines Haida-Häuptlings zeigt Formelemente ähnlich denen der Chilkat-Gewebe. Der Umhang könnte auch zu ähnlichen zeremoniellen Anlässen getragen worden sein. Die an der Nordwestküste verbreitete Gewohnheit, „Füllelemente“ in den sonst leeren Zwischenräumen unterzubringen, Augensymbole für Gelenke und die typische anschwellende Linie, die die Motive umrahmt, ist hier sehr eindrucksvoll veranschaulicht.

wohl man das nicht zugab. Es gab keine zeremonielle Tracht außer den wenigen Tänzen mit Kostümen, aber jeder Tänzer trug Abzeichen seiner eigenen Macht und eine persönliche Gesichtsbemalung. Wenn bei Gesang oder Bemalung ein Fehler unterlief, glaubte man an ernste Folgen, möglicherweise sogar an den Tod für die ganze Gruppe. Deshalb war mit diesen Aufführungen eine ungeheure soziale Verantwortung verbunden.

Männer und Frauen nahmen gleichermaßen an diesen Tänzen teil. Erwartungsvolle Stille herrschte im Langhaus der Salish, wenn die Tänzer die Anwesenheit ihrer Geister erspürten. Einer von ihnen wurde unruhig und begann zu zittern. Wenn er die Kontrolle über seine Handlungen verlor, rief er zum Zeichen seiner inneren Qual aus:

„Haiiii, hai, oh, o, o, o, o!
Haiiii, hai, oh, o, o, o, o!
Hai, ooooooh.
Haiiii, hai, oh, o, o, o, o!“

Die Trommler seiner Einführungsgruppe gingen dorthin, wo er saß, und begannen, sehr leise zu schlagen. Sie schmeichelten dadurch dem Geist ganz sanft, vollständig Besitz vom Tänzer zu ergreifen. Sie gaben acht, diesen nicht zu erschrecken, denn das konnte sich so auswirken, daß ihm seine Macht „in der Brust stecken blieb“. Wenn die Erregung des Tänzers zunahm, schwoll auch das Trommeln an. Mit stockender Stimme röchelte er ein paar Worte seines geheimen Gesanges und begann dann allmählich, sicherer zu singen. Manchmal wurde er einige Augenblicke lang ruhiger, und das Trommeln hielt an, aber schließlich machte er einen Satz in die Mitte des Langhauses, um zu tanzen.

Die Trommler der anderen Gruppen nahmen mit Fortschreiten des Tanzes den Rhythmus auf, bis nahezu 200 Leute gleichzeitig den Takt schlugen. Zwei Helfer umkreisten mit dem Tänzer zusammen den Raum und hinderten ihn daran, in die Zuschauermenge entlang der Wände zu stürzen. Sie leiteten ihn auch weg vom zentralen Feuer. Manchmal hatten sie Schwierigkeiten, seinen unvorhersehbaren Tanzbewegungen zu folgen, wenn der Tänzer einige Minuten lang steif in einer Stellung verharrte und dann plötzlich losstürzte. Die Bewegungen des einen Tänzers konnten schleppend und wellenförmig sein, um das Besessensein von den Wassergeistern darzustellen, während ein anderer Vogel- und Tiergesten nachahmte und behutsam stehenblieb oder am Boden scharrte. Heftiges Schluchzen und wilde Raserei waren die Regel.

Frauentänze neigten zu mehr Gelassenheit, wogegen für die Männer wilde und übertriebene Sprünge charakteristisch waren. Beide Tanzarten wurden aber so leidenschaftlich durchgeführt, daß jeder Tänzer schon nach einer Runde um den Raum völlig erschöpft war und zu seinem Platz zurückgetragen werden mußte, wo er in Tränen zusammenbrach. Es konnte über eine Stunde dauern, bis er nach der Trance das Bewußtsein wiedererlangte.

Tänze wurden einzeln aufgeführt. Normalerweise machte ein Tänzer eine ganze Runde um das Langhaus, bevor die Trommler den nächsten Teilnehmer anspornten. Aber gelegentlich spürte ein Tänzer die Kräfte seiner Geister so intensiv, daß er unwiderstehlich zum Tanzen verleitet wurde, obwohl der vorhergehende Tänzer noch nicht fertig war. Dies führte zu einem Durcheinander, da die Trommler zwei verschiedene Rhythmen schlugen, und die Anwesenheit eines weiteren Besessenen die geistige Spannung im Haus steigerte. In der Tat konnte die Spannung auf andere Leute übergreifen, die auch den Einfluß ihrer Geister immer stärker spürten. Der Verantwortung der älteren und erfahreneren Tänzer des Stammes oblag es, Ordnung zu halten, indem sie die Intensität des Trommelns mäßigten und den jüngeren und neuen Tänzern halfen, ihre Emotionen zu beherrschen.

Ein indianischer Tänzer beschrieb das Erlebnis der Besessenheit so:

> „Wenn du singst, fängt dein Atem an zu zittern. Nach kurzer Zeit geht es in dich hinein. Du versuchst zu singen; deine Kiefer fangen an zu zittern, dann singst du alles aus dir heraus, du überwindest es. Wenn ich tanze, spiele ich nicht. Folge nur deiner Kraft, folge nur dem Weg deiner Kraft." (Wolfgang Jilek, *Geistige Gesundheit und kulturelle Entwicklung des Salish-Indianers*)

Da es bei den Salish keine so eng verbundenen Gruppen wie bei den nördlichen Stämmen gab, waren ihre Zeremonien lebenswichtig für die Aufrechterhaltung der Kontakte untereinander. Wichtiger noch war aber die psychologische Wirkung auf die Teilnehmer; jüngere Tänzer begründeten dabei ihre Stellung in der Gesellschaft und gewannen Selbstvertrauen durch öffentliche Anerkennung ihrer Person. Mit Hilfe der Gruppe konnte man seinen Stolz auf die eigene Leistung zeigen, man konnte die Leistung anderer würdigen und alle durch Emotionen verursachten Spannungen zerstreuen. Unterstützung wurde immer großzügig gewährt, und tatsächlich sagte man, daß die Geister zu Zeiten persönlicher Anspannung einer Person näher stünden. Geistergesänge – heute als Indianertänze bekannt – sind bei den Salish bis in unsere Tage eine wirkungsvolle Methode geblieben, um persönliche Schwierigkeiten zu lösen. Häufig sind sie da erfolgreich, wo die moderne Medizin versagt, besonders bei der Behandlung psychosomatischer Leiden.

Die Stämme der Salish im äußersten Norden hatten wenig Kontakt zu ihren südlichen Nachbarn – ihre Dialekte waren so verschieden, daß sie einander kaum verstehen konnten –, und viele Bereiche ihrer Zeremonien waren völlig unterschiedlich. Teile dieser Stämme entwickelten eine Art Schaustellerkunst mit Betrügereien (was ein bezeichnender Charakterzug der Kwakiutl war) und besaßen maskierte Figuren, ähnlich denen der Kwakiutl. Besessenheit war zwar noch immer erforderlich, aber sie konnte vorgetäuscht werden, oder sie wurde von den Mächten der Ahnen hergeleitet, die sie als Privilegien vererbt hatten. Dadurch wurden die grundlegenden Prinzipien des Geistergesangs mit erheblichen Vorrechten verknüpft.

Im Gegensatz zu den Geistergesängen der Salish waren die Kwakiutl-Zeremonien, wie alle gesellschaftlichen Ereignisse dieses Stammes, im Ablauf genauestens festgelegt und sehr auf Prestige ausgerichtet. Während der Tsetseka, der Hauptzeit für das Übernatürliche, wurde die gesamte soziale Ordnung des Stammes erheblich verändert. Man nahm ein nach der Rangfolge der Geister und Tanzgemeinschaften abgestuftes System an. Die Leute durften nur mit ihren Zeremoniennamen angesprochen werden; für jeden Verstoß dagegen wurden harte Strafen verhängt. Die Sitzordnung bei Festen entsprach dem Rang eines Tänzers ohne Rücksicht auf Familie und Clan; Wörter, die sich auf bestimmte Geister bezogen, waren tabu. Statt dessen wählte man die Umschreibung „Lachsbeeren". An wichtigen Häusern wurden die Wappen entfernt und durch Wappen der Gemeinschaft ersetzt. Sämtliche Alltagsarbeiten wurden jählings abgebrochen, wenn das Pfeifen ertönte, das die Ankunft der Geister ankündigte.

Es gab drei gleichermaßen exklusive Tanzgemeinschaften der Kwakiutl; sie wurden manchmal als Geheimbund bezeichnet. Jede von ihnen besaß eine Anzahl festgelegter Tanzpositionen, abgestuft nach dem Maß ihrer Bedeutung. Sie unterschieden sich hauptsächlich durch die Art der mit ihnen verbundenen Geister. Die Gemeinschaft der Schamanen, deren Mitglieder aber nicht nur aus Schamanen bestanden, wurde mit einer Reihe fürchterlicher und gewaltiger übernatürlicher Wesen in Verbindung gebracht. Am meisten galt dabei eine Kannibalenfigur. Die Rolle des menschenverschlingenden Tänzers oder Hamatsa durfte nur von dem Mitglied einer Häuptlingsfamilie besetzt werden.

Für die Dluwulaxa-Gemeinschaft oder Die-von-den-Himmeln-Herabsteigenden waren die Bezugsgeister jene der Wolkenhimmel. Ein Eingeweihter soll in diese höheren Regionen aufgestiegen sein, um eine Tanzstellung von den geistigen Wesen zu bekommen. Nach seiner Rückkehr ins Diesseits wurde er Tänzer. Die dritte Gemeinschaft, Nutlam, wird im Deutschen üblicherweise als „Hunde-Fresser" bezeichnet, da dies charakteristisch war für ihre mythischen Ahnen, die Wölfe.

Jede Gemeinschaft hatte Theatervorstellungen mit maskierten Tänzern, die optisch aufsehenerregend waren. Die Winterzeremonien der Kwakiutl wurden anläßlich der Aufnahme eines neuen Mitglieds abgehalten, wobei die altgedienten Mitglieder als Leiter amtierten und eine unterstützende Rolle spielten. Sie stellten ihre eigenen Tänze vor, ließen aber dem Anfänger den Hauptauftritt. Dieser verschwand und verfolgte theoretisch den Weg seiner Ahnen zurück in die übernatürliche Welt. Dort wurde das ursprüngliche Geschenk der Gesänge und Tänze wiederholt. Bei seiner Rückkehr in besessenem Zustand erlangte er durch esoterische Reinigungsriten, die die Anwesenheit Nicht-Eingeweihter verboten, das Bewußtsein wieder. Die öffentlichen Riten der Winterzeremonien waren durch komplizierte magische Kunststücke gekennzeichnet, die die Zuschauer eigentlich überzeugen sollten, daß die Darbietungen echt seien.

Die folgende Beschreibung handelt davon, wie ein Häuptlingssohn in seine Rolle als Hamatsa-Tänzer in der Gemeinschaft der Schamanen eingeweiht wird. Dies war die

Masken als Darstellungen von Naturelementen wurden bei den Dluwulaxa und Wappentänzen verwendet. Hier ist eine Kwakiutl-Sonnenmaske gezeigt mit einem Adlergesicht im Zentrum. Im Stil ist diese Maske sehr ähnlich denen der Bella-Coola und könnte zeigen, wie Tanzvorstellungen durch Heirat untereinander entliehen wurden. Sicher ist, daß die Bella-Coola einen starken Einfluß auf die Kwakiutl ausübten.

Oben: Perlmutt-Ornamente waren am geflochtenen Zedernrinde-Kopfring eines Kwakiutl-Tänzers befestigt. Sie wurden beim Tsetseka oder Rote-Zedern-Rinde-Tanz getragen. Der Kopfring wurde durch Eintauchen in Erlenrindensaft rot gefärbt. Eingeweihte konnten sich an den Besonderheiten des Flechtwerks und an ihrem Schmuck erkennen.

Rechts: Der Stab des Sprechers oder Redestab des Häuptlings wurde vor bedeutenden Ankündigungen auf den Boden gestoßen, um die Aufmerksamkeit zu erhöhen. Dieser Kwakiutl-Stab ist mit einer Vielfalt von Figuren verziert, von denen einige Kupfer tragen. Ähnliche Stäbe wurden von der Sperlingsgemeinschaft benutzt, wenn sie Gäste ins Tanzhaus geleiteten, von bestimmten Tänzern, um ihre Tanzstellung anzuzeigen, und von Schamanen.

am besten ausgearbeitete Zeremonie, aber bei anderen Stellungen der Schamanen und bei Einführungen in Dluwulaxa und Nutlam wurde ähnlich verfahren. Einzelheiten wichen natürlich voneinander ab, entsprechend der Natur der verschiedenen Geister.

Weil die Stellungen in einer Gemeinschaft beschränkt waren, mußte erst ein freier Platz vorhanden sein, bevor ein neues Mitglied aufgenommen werden konnte. Dies ergab sich manchmal durch den Tod, häufiger aber durch „Rücktritt" eines älteren Stelleninhabers. Die Absicht, sich zurückzuziehen, wurde während der Hochzeitsfeier vom Vater der Braut angekündigt, wenn er das Versprechen abgab, das Privileg seiner Mitgliedschaft in dieser Gemeinschaft aufzugeben und es einem seiner Enkelkinder zu überlassen. Er bekam dann den Rang der „alten Herren", d. h. der ehemaligen Mitglieder, die das Recht behielten, bei Gemeinschaftstreffen anwesend zu sein, obwohl sie nicht mehr aktiv tanzten. Wenn es um ein Hamatsa-Privileg ging, mußte der nachrükkende junge Mann in eine oder mehrere niedrigere Tanzordnungen eingeweiht werden, bevor das Versprechen des Großvaters eingelöst werden konnte. Die Tanzordnungen waren sehr einfach und erforderten vier Tage ritueller Isolierung und rituellen Badens. Mit zwölf Jahren konnte jemand niederer Tänzer werden, mit zwanzig Jahren war er dann schon in der Lage, Hamatsa zu werden.

Ungefähr ein Jahr vor der Einführung als Hamatsa trafen sich der Vater der Braut, sein Schwiegersohn und Mitglieder der Sperlings-Gemeinschaft (ehemalige Tänzer, die als Schamanen fungierten und auf die Richtigkeit der rituellen Aufführungen achteten) mehrmals, um die Höhe der Mitgift-Rückerstattung festzulegen, und um mit den Vorbereitungen für die Einladung der benachbarten Stämme anzufangen. Die Annahme einer Einladung und die Ankunft der Gäste erfolgten auf die gleiche Weise wie bei einem Potlatch, der normalerweise zur selben Zeit gefeiert wurde.

Im Mittelpunkt des Großhauses führte der Sprecher, der das Recht besaß, wichtige Ankündigungen im Namen des Schwiegervaters zu machen, den Gästen einen zeremoniellen Stab mit geschnitzten Wappenfiguren vor. Dieser stellte den Wert des zu verschenkenden Besitzes dar. Der Eingeweihte zeigte durch Anfassen des Stabes an, daß er den Betrag annahm. Dann verbrachte jeder vier Tage mit rituellen Reinigungen.

Pfiffe, die Stimmen der Geister, ertönten, wenn die Leute sich wieder versammelten.

Zuerst kam der Ton aus den Wäldern hinter dem Dorf, aber er näherte sich mehr und mehr, bis man plötzlich ein wildes Hämmern auf den Dachbrettern und das Heulen eines Sturmes rund um das Haus hörte. Der Eingeweihte rief den Schrei des Menschenverschlingers – „Hap! Hap! Hap!" – und nutzte die Verwirrung, die dem Erscheinen der Geister folgte, als gute Gelegenheit, unbemerkt durch einen versteckten Ausgang zu verschwinden. Fast unmittelbar danach hörte man wieder seinen Schrei, diesmal aus den tiefen Wäldern (wo sich ein weiteres Gemeinschaftsmitglied versteckt hatte), da die Geister einen Menschen aus dem Dorf fortgerissen hatten. Man sagte, er sei zum Haus des Baxbakualanuxsiwae entführt worden, des Menschenfressers-am-Nordende-der-Welt. Dort müsse er bis zu vier Monaten bleiben. In Wirklichkeit hielt er sich aber in der Nähe des Dorfes auf und wurde in den Riten und Bräuchen der Gemeinschaft unterrichtet.

Während der Eingeweihte fort war, wurde das Haus geweiht. Ein Zedernrinde-Ring, das Symbol übernatürlicher Macht, wurde über die Tür gehängt und eine Schnur vom Giebel bis zur Wasserecke gespannt, um zu verhindern, daß jemand vor dem Haus vorbeiginge. Andere Tätigkeiten wurden insgeheim durchgeführt; dazu gehörten die Herstellung neuer Masken, die zeremonielle Vorbereitung des Hausinneren, was hauptsächlich im Einbau von Kunstkniffen für magische Aufführungen bestand, das Auswechseln der Wappen, und die Abfassung neuer Geistergesänge.

Einige Kisten mit Besitztümern, von denen eine den Hamatsa-Tanzzubehör enthielt, wurden dem Vater des Eingeweihten von seinem Schwiegervater überreicht. Sie wurden am Ufer für den Bau eines symbolischen Kanus verwendet, das später mit dem Aufbrechen der Kisten und der Verteilung der Schätze daraus „versenkt" wurde. Mittlerweile fanden – wie es sich ergab – Tänze und andere soziale Veranstaltungen statt, bevor der Hamatsa wieder erschien.

Eine für die Rückführung des Eingeweihten vorgesehene Zeremonie wurde von der Seehund-Gemeinschaft (Tänzer, die Geister verkörperten) aufgeführt. Mit Ausnahme der Hamatsas, die auch Seehunde waren, denen aber das Betreten des Großhauses für diese Gelegenheit untersagt war, sangen alle ihre neuen Geistergesänge. Die Lieder waren individuell verschieden, und weil alle gleichzeitig sangen, gab es rasch ein großes Durcheinander. Das galt als ein Zeichen dafür, daß zahlreiche, gleich mächtige geistige Einflüsse gegenwärtig waren. Am frühen Abend ahmten die Gespenster-Tänzer eine Reise ins Land der Toten nach.

Weil die Toten unterhalb der realen Welt lebten, hörte man geisterhafte Stimmen vom Mittelpunkt des Feuers her (der Verbindung zwischen den oberen und den unteren Gebieten). Diese Wirkung erzielte man durch ausgehöhlte Seetang-Stengel, die unter dem Fußboden lagen und das Feuer mit einem geheimen Raum im hinteren Teil des Hauses verbanden. Sie wurden als Sprechröhren verwendet. Das Spuken der Gespenster weckte die Hamatsas auf, die „um die ganze Welt auf der Suche nach Leichen" gewesen waren. Jetzt fingen sie an, gegen die Außenseite des Hauses zu schlagen. Da sie die Tür verschlossen fanden, brachen sie sich ihren Weg durch die Wände, wobei sie schrien, „Hap! Hap! Hap!". Ein Echo-Schrei kam vom Dach herab, und der Eingeweihte, besessen von Baxbakualanuxsiwaes Hunger nach Menschenfleisch, schob ein Brett zur Seite und sprang herunter. Die Seehunde versuchten, ihn zu fangen, wobei er ihnen durch den hinteren Ausgang entwischte.

Es war notwendig, daß er gefangen und „gezähmt" – oder zum Bewußtsein zurückgerufen würde. Die Seehunde zogen los zum Ort-der-Übernatürlichen-Kraft (einem See oder Fluß, der zum ritualen Baden benutzt wurde). Obwohl sie ihn fanden und umringten, entkam er ihnen, indem er ihren Blicken entschwand. Sofort danach erschien er an einer anderen Seite des Dorfes wieder. Eigentlich war ein Ersatzdarsteller umringt worden. Er verschwand, indem er seinen Schierlingsumhang in einem Augenblick mit dem Zedernrinde-Kostüm der Gemeinschaft vertauschte, als seine „Verfolger" ihn kurz den Blicken der Zuschauer im Dorf entzogen.

Nach mehreren Mißerfolgen war klar, daß der Hamatsa sich auf diese Weise nicht fangen ließ; man entschloß sich daher, eine List zu gebrauchen. Einer der Seehunde tanzte völlig nackt vor der Gruppe. Seine Nacktheit erregte den unersättlichen Hunger des Hamatsa nach Menschenfleisch. Sofort griff er den eingeweihten Seehund-Tänzer an und biß ihm ein großes Stück Fleisch aus dem Arm. Nun war sein Hunger teilweise gestillt, und er ließ sich von den Eingeweihten überwältigen und zum Haus führen. Er wollte aber nicht eintreten. Er riß sich los, kletterte auf das Dach und zog alle Leitern hinter sich hoch, um eine Verfolgung zu verhindern. Die Begleiterin des Hamatsa, die Kinqalalala, versuchte, ihn ins Haus zu locken, indem sie, auch völlig nackt, rückwärts

durch die Tür tanzte und ihr geheimes Lied sang. Dabei kann sie auch eine Leiche oder deren Nachbildung in ihren Armen getragen haben. Sie stellte die Sklavin im Schöpfungs-Mythos dar, die Männer zu Baxbakualanuxsiwaes Haus lockte und für ihren Herrn tötete.

Allmählich gehorchte der Eingeweihte, aber beim Betreten des Raumes biß er in den Arm einer Person, die neben der Tür stand, und floh erneut aufs Dach. Bei Kinqalalalas viertem Versuch war er so weit gebändigt, daß er in einen geheimen Raum im hinteren Teil des Hauses geführt werden konnte. Dort wurde er an dem zeremoniellen Menschenverschlinger-Pfahl festgebunden. Dies stellte seine Verbindung mit der natürlichen Welt her und verhinderte, daß die Geister ihn zurückfordern konnten. Die gesamte Episode war vorher sorgfältigst abgesprochen worden, denn vom Hamatsa gebissen zu werden war ein Vorrecht, das nur wenige besaßen. Diese rieben Asche in die Wunde, damit der Biß eine Narbe hinterließ und man das Privileg vorzeigen konnte.

Wenn er sich aufregte, rüttelte der Hamatsa heftig an dem Menschenverschlinger-Pfahl. Er konnte nur dadurch beruhigt werden, daß man ihn aus dem geheimen Raum herausführte. Dabei wurde er mit einem starken Seil an den Händen gefesselt, von zwei kräftigen Männern festgehalten und stimmte folgenden Menschenfresser-Gesang an:

„Ham ham amai, ham ham amai, hamai, hamaima mamai, hamai hamamai.
Ham hamam ham am ham amamai hamai hamamai.
Ham ham amai. Stoß aus den Hamatsa-Schrei, stoß aus den Hamatsa-Schrei, den Schrei des großen Geistes, der am Nordende der Welt wohnt.
Ham ham amai. Stoß aus Baxbakualanuxsiwaes Schrei, Baxbakualanuxsiwaes Schrei, den Schrei des großen Geistes, der am Nordende der Welt wohnt.
Ham ham amai. Stoß aus den Hoxhok-Schrei, den Hoxhok-Schrei, den Schrei des großen Geistes, der am Nordende der Welt wohnt.
Ham ham amai. Stoß aus den Raben-Schrei, den Raben-Schrei, den Schrei des großen Geistes, der am Nordende der Welt wohnt."
(Boas, *Soziale Organisation*)

Beim Singen tanzte er in hockender Stellung und zeigte so an, daß er besessen war. Dann und wann versuchte er, einen Zuschauer zu beißen. Seine Helfer verhinderten dies, indem sie ihn an dem Seil zurückrissen. Der Gesang besänftigte ihn, so daß er aufrecht zu tanzen begann, bis er schließlich friedlich war und zu seinem Raum zurückgeführt werden konnte.

Diese Phasen der Raserei wurden oft ausgelöst durch einen Verstoß gegen eines der strengen Tabus, wie z.B. durch die Benutzung eines weltlichen Namens, statt des religiösen, oder durch den Gebrauch des Wortes „tot", anstelle der Umschreibung „Lachsbeeren". Diese Tabus zielten darauf ab, die Tatsache zu bekräftigen, daß die Zeremonie zu einer geweihten Jahreszeit stattfinden müsse. Ihr Bruch kränkte die Geister, von denen der Eingeweihte besessen wurde. Die Raserei war auch ansteckend. Während der Aufführung des Eingeweihten war es durchaus üblich, daß die älteren Hamatsas ebenso erregt wurden und versuchten, die Leute zu beißen.

Eine der Weisen, in der sich Geister-Besessenheit ausdrückte, war ein Verhalten, das für unmenschlich gehalten wurde, und ebenso Handlungen, die niemand aus eigenem Antrieb vollbringen würde. Der Verzehr menschlichen Fleisches war äußerst abstoßend, aber auf dem Höhepunkt seiner Ekstase aß der Hamatsa eine menschliche Leiche.

Links: Die Haida hatten eine unvollständige Serie von Hamatsa-Tänzen wahrscheinlich von den Kwakiutl übernommen, bei denen Masken dazu dienten, Vorrechte zur Schau zu stellen. Diese Haidamoskito-Maske öffnet sich, um ein menschliches Antlitz, umgeben von Zeichnungen des Hundshais, zu enthüllen. Obwohl Insekten bei einigen Hamatsa-Tänzen der Kwakiutl komische Charaktere verkörperten, nahm diese Maske wahrscheinlich Bezug auf die Abstammungssage eines Clans.

Oben: Der Kwakiutl-Hamatsa hungert nach Menschenfleisch, und um diese seine Vorliebe zu verdeutlichen, waren seine Insignien oft mit holzgeschnitzten Schädeln wie jenen in der Mitte und rechts geschmückt. Der linke gehört zu einer Art, die von Hamatsas weiblichem Helfer, Kinqualalala, bei ihrem Tanz auf einem Brett getragen wurde, um ihn versöhnlich zu stimmen und ins Haus zu lokken.

Die Kwakiutl hatten eine ausgeprägte Furcht vor dem Tod, und die Abscheu, die eine solche Tat im normalen Denken der Leute auslöste, war ein Beweis für die Besessenheit des Hamatsa.

Die Geisteshaltung des Hamatsa bei seiner Annäherung an die Leiche wird in diesem Gesang lebendig vermittelt:

> „Nun werde ich essen.
> Mein Gesicht ist totenbleich.
> Ich werde essen, was mir vom
> Menschenverschlinger-am-Nordende-der-Welt
> gegeben wurde."
> (Boas, *Soziale Organisation*)

Es bestehen berechtigte Zweifel darüber, ob echte Leichen verwendet wurden. Die Kwakiutl waren Zauberkünstler, und es ist durchaus möglich, daß die „Leichen" in Wirklichkeit Attrappen aus Tierhaut mit echt aussehenden holzgeschnitzten Gesichtern waren, ähnlich den Porträts, die bei der „Enthauptung" einiger Tänzer überzeugend benutzt wurden. Im Dämmerschein des Feuers konnte man sie für echt halten.

All die Lieder und Tänze, das Beißen der Leute und der Kannibalismus sollten Hamatsa befriedigen, der für die wahre Verkörperung des Menschenverschlinger-Geistes gehalten wurde. Er war schließlich gezähmt, wenn man die Geheimnisse der Winterzeremonie symbolisch in weiße Zedernrinde-Stücke verpackt und diese verbrannte. Der sich anschließende Potlatch beendete den öffentlichen Teil der Zeremonie. Infolge der langen Zeit der Besessenheit stand der Neuling aber immer noch unter dem Einfluß der Geister. Man hielt ihn aller menschlichen Eigenschaften für beraubt und glaubte, ihn gehen und sprechen lehren zu müssen. Lange Reinigungsriten mußten abgehalten werden, bei denen das Zubehör verbrannt und der Rauch als reinigendes Medium verwandt wurden. Die Riten im geheimen abgehalten, nachdem man die Türen des Hauses sicher verschlossen und die Ritze in den Wänden verdeckt hatte. Der Eingeweihte war für einen Zeitraum von vier Jahren einigen Tabuvorschriften unterworfen: Die ersten paar Monate aß er nur warme Speisen, da die Geister kalt aßen und er sich wieder anpassen mußte; er enthielt sich ein Jahr lang sexueller Beziehungen; es war ihm verboten, am Glücksspiel teilzunehmen oder zu arbeiten. Gewöhnlich stellte er die Masken zur Schau, die ihm für vier aufeinanderfolgende Winter verliehen worden waren, bevor er ein vollwertiges Mitglied in der Gemeinschaft der Schamanen wurde.

Neben dem Hamatsa gab es andere Tanzpositionen in der Gemeinschaft der Schamanen: die Hamshamtses, das weibliche Gegenstück zum Hamatsa, die ein bißchen ruhiger war, da sie die Leute nicht biß und keine Leichen verzehrte; den Nontsistalal oder Feuer-Werfer, der die ärgerliche Eigenart hatte, glühende Kohlen um sich zu werfen, wenn er in einem Hause zu Besuch war – er trug ein Stück feuchter Hirschhaut auf der Handfläche, das es ihm ermöglichte, mit dem Feuer umzugehen; den Nulmal oder Faulen-Tänzer, der mit Hilfe des Grislybär-Tänzers Steine auf die Leute warf oder sie mit Stöcken schlug, wenn sie Tabuvorschriften brachen.

Die Dluwulaxa-Gemeinschaft arbeitete nach den gleichen Grundsätzen wie die Schamanen und unterschied sich nur darin, daß ihre Eingeweihten im Himmel verschwanden, aus dem sie durch mehrtägiges Singen zurückgerufen wurden. Ihrer Geister-Personifizierung fehlte die ungestüme Eigenart der Schamanen-Tänzer. Nur der Kriegsgeist, der vier Tage lang Gegenstände zerbrach und Dinge mit der Faust zerschlug, verursachte Schäden. Alle anderen tanzten ruhig und machten reichen Gebrauch von Gelenkmasken, wie z. B. der Sonnen-Maske. In geschlossenem Zustand stellte sie die Sonne dar, aber in einer bestimmten Szene des Tanzes wandte sich der Darsteller von den Zuschauern ab und zeigte sich dann mit geöffneter Maske wieder (die äußere Hülle war durch Fäden weggezogen worden). Nun war ein inneres Antlitz mit den menschlichen Eigenschaften des Geistes enthüllt. Andere bewegliche Masken dienten dazu, charakterliche Veränderungen zu zeigen, indem sie abwechselnd düstere und ärgerliche Gesichter enthüllten. Andere hatten austauschbare Teile, wie verschiedene Mundpartien, die geschickt ausgewechselt wurden, während die Hände am Gesicht vorbeiglitten.

Der Status eines Tänzers bei den Dluwulaxa entsprach etwa dem seines Kollegen in der Schamanen-Gemeinschaft: der Kriegsgeist-Tänzer, die höchste Dluwulaxa-Position, nahm einen dem Hamatsa ebenbürtigen Rang ein; der Heilungs-Tänzer, die zweite Position der Dluwulaxa, erfreute sich einer Ranggleichheit mit dem zweiten

Unten: Nulmal haßte alles, was sauber und ordentlich war. Er war jähzornig und schmutzig, trug alte Kleider und hatte strähniges fettiges Haar. Seine Maske hat eine herausragende Nase, um seine Vorliebe für alles Schleimige zu zeigen, sein Gesichtsausdruck ist abstoßend.

Rechts: Eine Maske der nördlichen Kwakiutl. Sie ähnelt anderen, die die Sonne darstellen. Sie hat eine abwärts gebogene Nase, die das Gesicht in der einen Adlerschnabel symbolisierenden Weise berührt.

Unten rechts: Schnitzwerke der Tsimshian vermitteln einen einzigartigen individuellen Ausdruck. Das freundliche runde Gesicht dieser Mondmaske suggeriert einen friedlichen Charakter. Die sanft gerundete Oberfläche, typisch für Tsimshian-Arbeiten, zeigt, daß der Künstler sich mit Gesichtszügen gut auskannte.

Schamanen-Tänzer, dem Feuer-Werfer. Einige Tänze in der Dluwulaxa-Reihe erforderten aber höhere Aufwendungen, da sie zusammen mit den bedeutendsten Potlatchen aufgeführt wurden. Die Nutlam-Gemeinschaft war bei den Kwakiutl weniger bedeutsam und hatte daher auch keine Rangstufe im Tanz. Aber sie fand unter den verschiedenen Sprachgruppen eine weitere Verbreitung als alle anderen.

Ein Tanzprivileg konnte man auch bekommen, ohne eingeweiht worden zu sein, indem man das Vorrecht eines im Krieg besiegten Gegners übernahm, wenn dieser bereits eingeweiht war. Ein Tlingit z. B. konnte einen Hamatsa der Kwakiutl besiegen und dessen Tanz in seiner eigenen Schamanen-Gemeinschaft benutzen. Es gab genügend Kontakte zwischen den Gruppen und ausreichende Ähnlichkeit in ihren Sitten, so daß der Sieger sich eine ziemlich genaue Vorstellung von dem Ritual machen konnte, das mit der Position des Besiegten verbunden war; alles, was er brauchte, war das Besitzrecht an dem Privileg, um den Tanz aufführen zu dürfen. Der Einfluß der Kwakiutl mag sich auf diese Art und Weise auf die anderen Gruppen ausgedehnt haben. Dies könnte auch erklären, weshalb viele von ihnen nur unvollständige Tanzzyklen hatten, da sie ja den vollständigen Ablauf nicht kannten. Tatsächlich benutzten Tlingit, Tsimshian und Haida Ableitungen von Kwakiutl-Namen für ihre Gemeinschaften.

Bei den Tlingit gab es eine Tendenz, die Tänze als persönliche Privilegien zu betrachten, die bei Potlatchen als Aushängeschild benutzt werden konnten. Folglich hatten sie keine so große Bedeutung wie Gemeinschaftsangelegenheiten. Spätere Darbietungen

Unten: Tlingit-Stirnschmuck, einen Biber mit Frosch zwischen den Pfoten darstellend. Das Schmuckstück war an einem Rahmen aus Hermelinfell, Schwanendaunen und Seelöwenborsten befestigt und wurde auf der Stirn des Tänzers getragen.

Rechts: Diese alte Wolfsmaske stammt wahrscheinlich von den Nootka, da sie mehr durch Bedampfen und Biegen des Holzes hergestellt wurde als durch Schnitzen. Sie wurde nicht beim Wolfstanz getragen, sondern diente als Prunkprivileg.

Ganz rechts: Bei der Anfertigung einer Porträtmaske mußten die Künstler der Nordwestküste keine naturgetreue Interpretation versuchen. Da die aufgemalten Muster denen der Gesichtsbemalung gleichkamen, waren sie Symbole des Maskenbesitzers. Eine flache Oberlippe und Nase zeigen, daß diese Maske von den Haida stammt.

der Tänze bezeichneten sie sogar als „nur eine Schau", obwohl sie selbst den Kontakt zu den Vorfahren als echt betrachteten.

Gemeinsam mit fast allen anderen Küstenvölkern hatten die Tlingit eine „Hunde-Esser"-Gemeinschaft, zu deren Riten das Zerreißen und Verschlingen eines lebenden Hundes gehörten. Da man dies für ein Charakteristikum der Wölfe hielt, kam durch ein solches Tun die Erleuchtung des Eingeweihten durch Wolfsgeister zum Ausdruck. Die Wirkung war dieselbe wie beim Hamatsa-Kannibalismus, denn Hundefleisch galt für jemanden im normalen Zustand als giftig. Dieser Glaube war so tief verwurzelt, daß ein Indianer normalerweise lieber den Hungertod erlitten hätte als seine Hunde zu essen.

Die Tlingit führten ausgedehnte Zeremonien außerhalb ihres Großhauses durch. Die Tänzer machten bestimmte Kopf- und Schulterbewegungen, um die darzustellenden Geister zu beschreiben. Tierische Bewegungen waren sehr verbreitet, und der Tänzer hielt nach wenigen Schritten immer wieder an, um zu verweilen und seinen Kopf zu wenden. Er deutete vielleicht einen verfolgten Wolf an. Die Fußbewegungen änderten sich während des Tanzverlaufes nicht, und der Körper wurde steif gehalten, was zu ruckartigen Bewegungen führte, aber den Eindruck kontrollierter Kraft vermittelte.

Die Tlingit benützten weniger Ganzmasken als die meisten anderen Gruppen. Statt dessen trugen sie, ebenso wie die Tsimshian, eine Art Kopfschmuck mit Hermelinstreifen, der wegen seiner Tragweise als Stirnmaske oder Stirnband bekannt war. Sie waren sehr klein und zierlich geschnitzt und überreich mit kleinen Perlmuttstücken eingelegt. Einer ihrer Tänzer, der Rabe, bemalte sein Gesicht mit dem abstrakten Symbol eines Rabenschnabels und trug zusammengerollte Zedernrinde-Ringe auf dem Kopf; die Hände des Bärentänzers waren so hergerichtet, daß sie Tatzen darstellten; der Mörderwal-Tänzer trug hoch auf dem Kopf eine Maske mit einer großen Schwanzflosse, und seine Bewegungen ahmten das Tauchen des Wals nach.

Man nimmt an, daß die Wappenzeichen ihrer Gemeinschaft in jüngerer Zeit von den Tsimshian eingeführt oder von den Kaigani-Haida aus Alaska gekauft wurden. Sie hatten eine sehr große Anzahl von Tänzen, sowohl in der Schamanen- wie auch in der Hunde-Esser-Gemeinschaft. Die Tänze der alaskischen Haida-Gruppe und die der Hauptstämme auf den Queen-Charlotte-Inseln unterschieden sich von denen der Kwakiutl nur darin, daß ihre Rangabstufungen weniger scharf getrennt waren und daß ihre Häuptlinge oft Mitglieder in zwei Gemeinschaften waren. Ein ungewöhnlicher Zug der Haida war ihre sparsame Verwendung sehr abstrakter Gesichtsbemalungen, um ihre Geister darzustellen: Eine Linie oder ein paar Farbtupfer drückten den vollständigen Charakter aus. Ihre alten Masken wurden oft von Haarbüscheln oder einer „Krone" aus Seelöwenborsten überragt.

Die den Kwakiutl am engsten verbundene Gruppe waren die Tsimshian der Südküste. Der Einfluß der im Rang abgestuften Kwakiutl-Tänze auf die Tsimshian ist offenkundig. Die meisten der Tänze waren von ihren kwakiutl-sprechenden Nachbarn,

den Bella-Bella, entliehen. Aber sie hielten ein starkes Interesse an persönlichen Schutzgeistern aufrecht. Zum Beispiel wurde der Menschenverschlinger-Tänzer zum Beschützer bestimmter führender Familien; er trat jedoch bei keiner Gemeinschaft auf.

Die Tsimshian der Südküste hatten zwei Tanzgemeinschaften – die Hunde-Esser und die Mitla oder Tänzer. Die Tänzer dieses Stammes leiteten sich von der Sage eines jungen Mannes her, der wiederholt den Himmel besuchte, bis er es eines Tages versäumte, zur Erde zurückzukehren. Die Erzählung ist der Kwakiutl-Sage sehr ähnlich, die von Denen-die-von-den-Himmeln-herabsteigen berichtet, und sogar der Ausdruck „Mitla" ist von dem Kwakiutl-Wort „Meitla" abgeleitet.

Rangstellungen in den Tsimshian-Gemeinschaften wurden nicht vererbt, aber man schloß sich der Gruppe seines Gönners an. Die Familien unternahmen alles mögliche, um den Vorteil zu erlangen, Mitglieder in beiden Gemeinschaften zu haben, weil sie dann Verbindung mit allen wichtigen Familien des Stammes aufnehmen konnten. Aber nicht jeder gehörte einer Gemeinschaft an, und ein persönlicher geistiger Helfer wurde für ebenso nützlich gehalten. Jedes Kind war verpflichtet, sich einer „Macht-Zeremonie" zu unterwerfen, in der es einigen geistigen Beistand erhielt. Eine zweite Zeremonie gab ihm das Anrecht auf einen „Macht-Namen" und bereitete es für die Mitgliedschaft in der Gemeinschaft vor. Die Zeremonien wurden von Häuptlingen vorgenommen, die ihre Kraft auf ein in der Zimmerecke unter einer Decke verborgenes Kind schleuderten. Als Antwort kam ein Pfeifen zurück; es zeigte an, daß das Kind die Kraft empfangen hatte. Viele Kinder waren Babies, als diese Zeremonie vollzogen wurde, so daß ihre Mütter sie begleiteten und statt ihrer den Pfiff abgaben.

Manchmal wurde bei der Einführung in die Gemeinschaft auch ein Stellvertreter ernannt; ein Verwandter oder selbst ein Sklave spielte die Rolle des Einzuweihenden. Dies geschah besonders, wenn Gefahr drohte, oder wenn es sich bei dem Einzuweihenden um die Tochter des Häuptlings handelte. Die Stellvertreter sangen auch die Gesänge, wenn das Kind zu jung war, um den ganzen Text zu behalten, und sie führten die schwierigen Tänze für das Kind auf. Der Hauptunterschied zwischen einer Macht-Zeremonie und einer Einweihung bestand darin, daß bei letzterer eine Person verschwinden mußte. Oft wurde ein Trick angewandt, um den Betroffenen dann wieder erscheinen zu lassen; er kehrte auf einem Wappen reitend zurück. Womöglich war es ein Kanu mit einer das Wappentier darstellenden Konstruktion darüber, oder er schritt über das Wasser, unter sich ein mit Steinen gerade so schwer beladenes Floß, daß dieses dicht unter der Wasseroberfläche trieb. Diese Zeremonien wurden wiederholt, wenn man einen höheren Status erlangen wollte. Bedeutende Leute nahmen das üblicherweise viermal auf sich.

Eine andere mit den Kwakiutl sehr eng verbundene Gruppe waren die Bella-Coola. Sie gehörten zur Sprachgruppe der Küsten-Salish, lebten aber in der Mitte des Kwakiutl-Territoriums. Sie hatten eine Kultur, die in jeder Hinsicht der der Bella-Bella, ihrer Kwakiutl-Nachbarn, fast gleichkam. Beide hatten einen Kriegsgeist – genannt „Toxwid" bei den Bella-Bella und „Selbstzerstörer-Geist" bei den Bella-Coola –, der unzerstörbar war, ganz gleich, welche Verwundungen er erlitt. Um dies vorzuführen, forderten beide Geister die Leute auf, sie zu töten. Durch Anwendung ausgefeilter Bühnentricks erweckten sie sich dann auf „wunderbare Weise" zum Leben. Toxwid war ein weiblicher Geist und wurde deshalb von einer Frau dargestellt. Ihre durchaus bezeugten Zauberkunststücke ähneln in vielerlei Hinsicht denen ihres Gegenparts bei den Bella-Coola.

In einem Toxwid-Kunststück kletterte die Darstellerin in eine Kiste, die ans Feuer geschoben wurde und verbrannte. Während die Flammen die Kiste verschlangen, konnte man Toxwids Stimme daraus hören. Ihre Knochen wurden dann aus der Asche gelesen und unter eine Decke gelegt. Darauf wurde sie wieder lebendig. Um dieses Kunststück zu bewerkstelligen, wurde eine Kiste mit Klappboden über eine verdeckte Grube ans Feuer geschoben, in der vorher ein Skelett versteckt worden war. Toxwid nahm dessen Stelle ein und deckte die Öffnung der Grube von unten her mit einer Matte aus Zedernrinde ab. Die Grube hatte ein Sprechrohr, das sie mit der Feuerstelle verband. Ein unterirdischer Gang führte außerdem zu einer zweiten Grube, über die die Knochen ins Feuer gelegt wurden.

Toxwids vollendetstes Kunststück brachte ihr übernatürlicher Geist, Sisiutl fertig. Diese doppelköpfige Schlange Sisiutl wuchs während Toxwids Tanz vor ihr aus dem Boden. Toxwid ergriff sie bei den Hörnern, und die Schlange begann, sie hinabzuziehen. Obwohl mehrere Männer das zu verhindern suchten, indem sie Toxwid um die Taille faßten und gegen Sisiutls Kraft ankämpften, schafften sie es nicht. Schließlich

Oben und rechts: Um bei Tanzvorführungen der Tsimshian verschiedene Eigenschaften ein und derselben Person zu zeigen, hatten die Masken oft bewegliche Gesichtszüge. Die Augen dieser Maske können drei Stellungen einnehmen: offen, geschlossen und kupferbedeckt; der bewegliche Unterkiefer zeigt entweder eine Reihe Zähne oder ein Kupferband. Es war durchaus üblich, daß diese Porträtmasken in Folgen hergestellt wurden, die die verschiedenen Lebensabschnitte einer Person zeigten. Zum Beispiel konnte die Maske einer Frau sie als junges unverheiratetes Mädchen, in mittleren Jahren, als reiche alte Dame und kurz nach ihrem Tod zeigen – angedeutet durch halbgeschlossene oder verdrehte Augen.

war Toxwid ganz unter der Oberfläche verschwunden, aber ein Mann ließ nicht locker. Er wurde bis zu seinen Ellbogen herabgezogen und dann um den Tanzboden geschleift. Seine Arme wühlten Unmengen von Erde auf, als Sisiutl versuchte, ihn abzuschütteln.

Ausgedehnte Vorbereitungen mußten für diese Aufführung vorgenommen werden. Das Haus war währenddessen für rituelle Reinigungen geschlossen. Man mußte eine Grube ausheben, in der ein Mann mit einem geschnitzten Sisiutl versteckt wurde und in die Toxwid dann verschwand. Die Schar von Männern, die versuchte, sie zu retten, drängte sich bei der Rangelei um die Grube, so daß Toxwid genügend Zeit fand, eine Matte über die Grubenöffnung zu ziehen und sich so vor den Zuschauern zu verbergen. Um das Haus war im Zickzack ein schmaler Graben angelegt, in dem ein Seil aus Zedernrinde lag. Es war locker mit Erde bedeckt. Der Mann, der durch das Haus geschleift wurde, zog sich in Wirklichkeit selbst an diesem Seil entlang.

Toxwid konnte auch weniger ausgefeilte Kunststücke aufführen, wie einen Gegenstand zum Rasseln bringen, der für andere stumm blieb, so sehr sie es auch versuchten; sie konnte Dinge durch die Luft fliegen lassen und sie zu sich zurückrufen. Beides war einfach zu bewerkstelligen, das erstere mit Kieseln, die sie unter ihrem zeremoniellen Halsband verborgen hielt, das zweite mit Fäden, die an den Dachbalken befestigt waren.

Der Unterhaltungscharakter dieser Aufführungen war nicht ohne ernsten Hintergrund, denn sie waren ein Ausgleich für die eher gewalttätigen Züge in anderen Tänzen. Einige Tänzer spielten komische Rollen und traten als Clowns auf. Sie ahmten die Handlungen seriöser Aufführungen nach und parodierten die anmaßenden Häuptlinge. Sie hatten wohl auch Einblick in den Raum des Geheimen und gaben lustige Anmerkungen über den Zustand des Eingeweihten. So berichteten sie den Zuschauern immerfort die „reine Wahrheit"!

Im Gegensatz zu den Bella-Coola waren die Stämme der Nootka an der abgelegenen Küste der Insel Vancouver vom Kwakiutl-Einfluß weit entfernt. Folglich befaßten sich ihre Zeremonien nicht mit ehrfurchtsgebietenden und gewaltigen Geistern. Sie hatten nur eine größere Zeremonie, bekannt als Loqwana, was mit „Schamane" zu übersetzen wäre. Sie fußte auf einer Wolfs-Sage, ähnlich der der Hunde-Esser, und wird allgemein als Wolfstanz angesprochen. Dieselbe Zeremonie findet man bei den südlichen Kwakiutl am Quatsino-Sund.

In den Ursprungssagen der Nootka besuchte ein Vorfahre das Haus der Wölfe, wo ihn Gesänge und Tänze gelehrt wurden. Nach Hause zurückgekehrt, erkannte er, daß er vier Jahre lang weg war, obwohl er geglaubt hatte, es seien nur vier Tage gewesen, und er erkannte auch, daß er noch von den Wolfsgeistern besessen war. Der Wolfstanz setzt eine Entführung an die Stelle des ursprünglichen Besuchs, aber der Rest war eine Dramatisierung der Befreiung dieses Vorfahren vom Einfluß der Wolfsgeister.

Die Zeremonie begann mit der Entführung einer Gruppe kleiner Kinder, die von Männern mit herkömmlicher Wolfsverkleidung eingeweiht werden wollten. – Obwohl Wolfsmasken bei den Nootka sehr gebräuchlich waren, wurden sie bei dieser Zeremonie nicht verwendet, sondern nur als Symbole persönlicher Vorrechte gebraucht. Manchmal wurde die Entführung symbolisch dargestellt durch das Auffinden der Kleider der Einzuweihenden, die zerfetzt am Ufer lagen. In jedem Fall traten sofort Tabu-Vorschriften in Kraft, und man traf Vorbereitungen für die Befreiung der Kinder.

Die Nootka gaben ihrem Wolfstanz eine ganz ungewöhnlich leichte Note, vielleicht, weil die Einzuweihenden noch Kinder waren, die von den Vorgängen, wie sie bei anderen Gruppen praktiziert wurden, erschreckt worden wären. Zum Beispiel wurden die Eltern der entführten Kinder der Sorglosigkeit bezichtigt – „Ihr sollt auf eure Kinder besser aufpassen, dann können die Wölfe sie nicht stehlen!" – und zur Bestrafung in die See geworfen. Viel Anstrengung verwandte man auch darauf, die Leute zum Übertreten eines Tabus anzustacheln. Der Missetäter wurde dann dadurch bestraft, daß man alle seine oder ihre Kleider zerriß. In der Zeit der Zeremonie durfte niemand allein essen, so daß jeder, der Hunger hatte, die Gelegenheit zu einem Festschmaus wahrnehmen und andere einladen mußte. Dadurch wurde für diese ganze Zeit ein dauernder sozialer Kreislauf in Bewegung gesetzt. Er hinderte jeden daran, seine Pflicht zu vergessen, nämlich, an der Einweihung der Kinder teilzunehmen.

Suchtrupps wurden von einer Gruppe von Leuten organisiert, die in den frühen Morgenstunden durchs Dorf gingen, um nach den Kindern zu sehen. Sie warfen die Leute aus dem Bett und gossen eiskaltes Wasser über sie. Sie blieben aber erfolglos und beschlossen, die Wölfe durch zeremonielles Trommeln anzulocken. Dies wurde von einem Anführer der Tänzer geleitet, der auf das Dach des Großhauses stieg, wo er nach

Links: Angeblich stellt diese Bella-Coola-Maske einen Ahnen dar, der Adlergestalt annahm. Doch der vorspringende Teil hat größere Ähnlichkeit mit der Nase des Kwakiutl Nulmal als mit einem Adlerschnabel.

Unten: Diese Keule verweist auf den Fang eines Nootka-Novizen, da von den Wölfen gesagt wird, sie würden uneingeweihte Leute in den Fängen wegtragen. Die Keule könnte als Prunkstück verwandt worden sein, um die Kräfte vorzustellen, die der Besitzer während seiner Gefangenschaft erhielt.

übernatürlichen Zeichen Ausschau hielt und den Trommlern im Hause anzeigte, wann sie sich gemeinsam anstrengen mußten. Entsprechend dem Humor der Nootka entwikkelte sich die Trommelei zu einer Farce, da der Anführer die einzelnen Trommeln nicht unterscheiden konnte, zumal wenn hundert oder mehr gleichzeitig dröhnten. Die Trommler beschuldigten ihn dann, überflüssig zu sein.

Vielleicht aber war das Trommeln von Erfolg gekrönt, und man vernahm draußen den Ruf heulender Wölfe. Auf ein Zeichen ihres Anführers hörten die Trommler auf, und man hörte die Eingeweihten ihre geheimen Gesänge singen oder ihre Rufe, daß sie Gefangene der Wölfe seien, die sie dann wieder mitnehmen würden.

Um ihre Befreiung zu beschleunigen, bereitete eine Gruppe von „Wolfsexperten" die Fallen vor – riesige Heilbutthaken oder schwache Konstruktionen aus Ästen und Netzen –, und am nächsten Morgen fuhr eine Flottille von Kanus und Flößen über die Bucht. Als sie sie etwa zur Hälfte überquert hatten, erschienen am gegenüberliegenden Ufer die Wölfe und verursachten dadurch Verwirrung auf den Booten. Einige Leute täuschten Entsetzen vor und kehrten um; dabei stießen sie „versehentlich" gegen die

Unten: Bei den Tsimshian wurden Wappenhelme so getragen, daß das Gesicht frei blieb. So wurde die Verwandtschaft zwischen einem Wappentier und seinem Besitzer deutlich dargestellt. Feinfühlig modellierte Formen und papierglatte Oberflächen – erreicht durch die Verwendung von Haihaut als Schleifmittel – waren Qualitäten, mit denen die Tsimshian-Holzschnitzer glänzten. Die Genauigkeit ihrer Arbeit wird deutlich an den eingeschnittenen Umrahmungen der bemalten Flächen und an der Perlmutteinlage auf diesem Detail (rechts) einer Adlermaske.

Unten rechts: Diese beiden Hauspfähle der Haida stützen nicht länger die Firstbalken eines massiven Hauses der Nordwestküste. Sie sind eine Mahnung, daß alte Lebensweisen oft nur noch in der Erinnerung bestehen. Der amerikanische Eingeborene ist sich wohl bewußt, daß bestimmte Grundzüge seiner Kultur nicht wiedergewonnen werden können; aber der Geist der Küste ist wach und bleibt stark. Eine Kenntnis und Würdigung dieser einzigartigen Kultur darf nicht auf einem nostalgisch-flüchtigen Eindruck vom Leben der Vorfahren gründen.

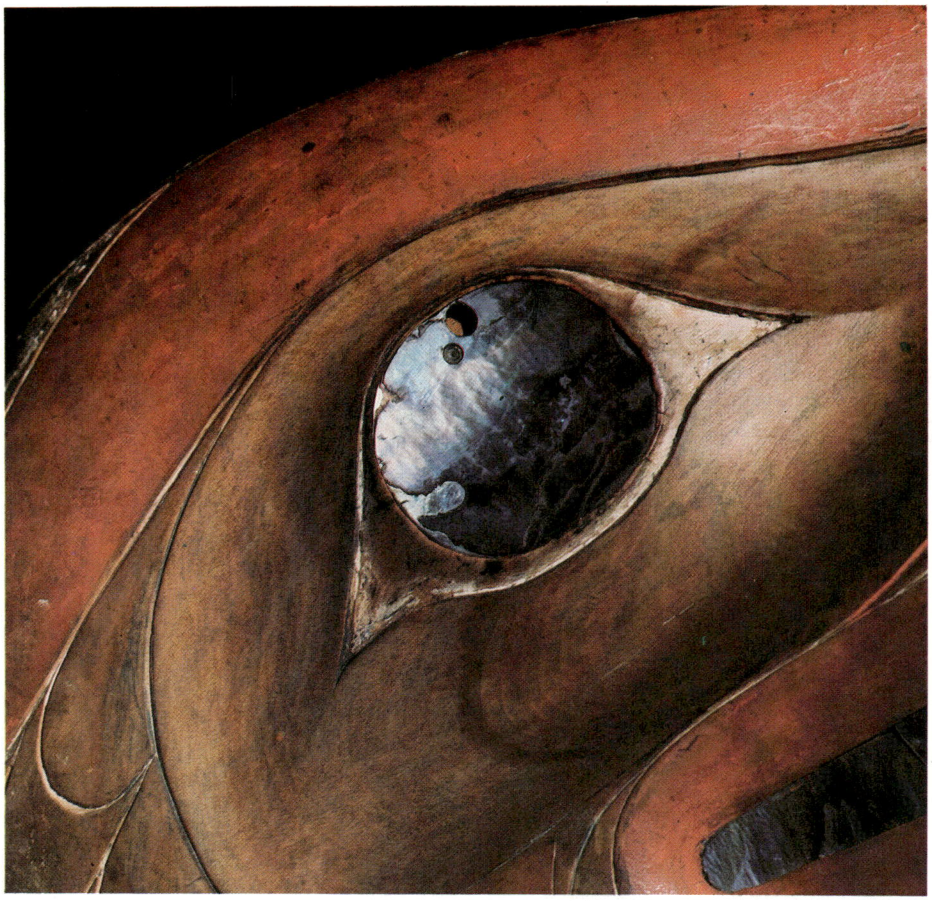

Boote der „Experten" und kippten sie um, wenn sie konnten. Inzwischen verschwanden die Wölfe.

Als die Boote endlich das Land erreichten, erschienen die Wölfe ein Stück weiter entfernt erneut am Ufer. Die Experten rannten los, um sie anzugreifen. Aber sie stolperten in den Seilen ihrer eigenen Fallen und verhedderten sich völlig. Ihr ganzes Tun verfolgte, wie es hieß, eine ernste Absicht; es lenkte die Aufmerksamkeit der Wölfe ab, so daß sie ihre Gefangenen unbewacht ließen. Viermal erschienen die Wölfe, entschwanden aber vor den Angriffen wieder; jedesmal entfernten sie sich etwas weiter von den gefangenen Kindern. Diese nahmen die Gelegenheit war, sie kletterten mit den anderen Leuten in die Boote, und man stieß vom Land ab. Die Experten ließ man zurück. Sie mußten, so gut sie konnten, vor den wütenden Angriffen der Wölfe flüchten. (Später stolzierten sie durch das Dorf und erzählten allen, wie sie einen Wolf beinahe getötet hätten.)

Nach ihrer Rückkehr ins Dorf führten die Kinder die Tänze und Lieder vor, die sie von den Wölfen gelernt hatten. Weil es sich dabei um erbliche Vorrechte handelte, wurde jemand mit einem Anspruch auf mehrere Privilegien auch mehrmals gefangengenommen. Die Verunreinigung durch den Kontakt mit den Geistern wurde durch rituelles Baden entfernt, was ein Verbrennen der zeremoniellen Kostüme, die die Kinder getragen hatten, und eine Zeit der Isolierung bedeutete. Ein Potlatch bildete den Abschluß der Festlichkeiten.

Die Winterzeremonien waren das wichtigste soziale Ereignis an der Nordwestküste. Fünf Monate Arbeit jedes Jahr genügten zur Bereitung und Einlagerung der Wintervorräte. Die restliche Zeit konnten die Leute mit Festefeiern, Tanzen und der Verehrung ihrer Geister verbringen. Weil der Indianer eine so enge Beziehung zur Natur hatte, zeigte er seine Hochachtung ihren starken Mächten gegenüber und eine echte Demut angesichts dieser Gewalten. Er übertrug diese Kräfte in die „jenseitige Welt", eine Welt mit zahlreichen Geistern, die sowohl fürchterlich als auch sehr menschlich waren. Daraus entwickelte sich ein religiöses Bewußtsein, das nach einem Zusammenwirken aller verlangte.

Ein ganz offensichtlicher und aufrichtiger Glauben, daß jedem einzelnen ein Geist persönlich zur Seite steht, wurde während des Geistergesangs der Salish zum Ausdruck gebracht, und die Gesellschaft bestätigte diese Tatsache lebhaft. Obwohl die Mitglieder

der Tanzgemeinschaften sehr wohl wußten, daß ihre Aufführungen gespielt waren und etwas vortäuschten, so war doch ihr Glaube wenigstens ebenso stark wie der der Salish. Die Ereignisse bei Generationen von Vorfahren enthielten eine „verborgene Wirklichkeit", die man nur bei umfassender Kenntnis (Einweihung) der esoterischen Geheimnisse der Gemeinschaft verstehen konnte.

Als Spiegel des Geistes der Nordwestküste faßten die Winterzeremonien alle Lebensbereiche des einzelnen zusammen und bekräftigten seinen Glauben in dramatischer und lebhafter Weise. Für den in jahrhundertealte Traditionen eingetauchten Indianer war die Zeremonie nicht bloß Aufführung. Der Tanz erzählte von den Ruhmestaten, die zur Vergangenheit gehörten und machte Versprechungen für die Zukunft; er verlieh Bedeutung und Anerkennung, wenn es nötig war, und er gestattete die Freiheit des Ausdrucks. Die Kraft der Trommler, das Drama der Masken und die scheinbar unmöglichen übernatürlichen Geschehnisse hätten einen Fremden sich verwundert fragen lassen, ob dies alles nicht eine Illusion sei. Die Ausdruckskraft und hohe Entwicklung der Geschehnisse waren dermaßen überzeugend, daß der Beobachter an die Wirklichkeit der Tanz-Aussagen glaubte.

Quellenverzeichnis

Werner Forman und der Verlag danken den folgenden Museen und Privatsammlungen für die Erlaubnis zur Aufnahme der folgenden Fotos:
British Museum, London: 4, 18 (oben), 33, 53, 54, 67, 87, 111, 122–123; Centennial Museum, Vancouver, British Columbia, Kanada: 9 (oben), 11 (unten), 30, 32, 52, 57, 101 (oben); Sammlung James Cooper, Watersfield, England: 67, 95; Denver Art Museum, Colorado, USA: 29, 118 (oben); Field Museum of Natural History, Chicago, USA: Vorsatzblätter, 1, 13 (oben), 14, 24, 31 (oben), 34, 37 (unten), 46 (oben), 56, 59, 70 (links), 80, 84, 104, 108–109; Mr. John H. Haubert: 119; Joslyn Art Museum, Omaha, Nebraska, USA: 18 (unten); McCord Museum, Montreal, Kanada: 35; Museum of Anthropology, University of British Columbia, Vancouver, Kanada: 11 (oben), 13 (unten), 28, 41, 48, 61 (oben), 64, 73, 96, 99, 113; Museum of the American Indian, Heye Foundation, USA: 93, 106–107; National Museum of Man, Ottawa, Ontario, Kanada: 15, 31 (unten), 36 (oben), 37 (oben), 45, 60, 63, 79, 82, 88, 101 (unten), 105, 114, 118 (unten); Portland Art Museum, Oregon, USA: 34 (links und rechts), 86, 102, 105 (oben rechts); Provincial Museum, Victoria, British Columbia, Kanada: 12, 16, 30, 32, 42, 43, 46 (unten), 47, 58, 61 (unten), 62, 66 (oben), 72 (unten), 76–77, 78, 81, 97, 98, 112, 115, 117, 118, 120, 121, 122 (oben), 124; Mr. und Mrs. John A. Putnam: 72–73; Privatsammlung: 17, 66 (unten); Privatsammlung, Ketchikan, Alaska, USA: 85; Royal Ontario Museum, Toronto, Kanada: 55, 74, 83, 100, 116; University Museum, Philadelphia, Pennsylvania, USA: 44; University Museum, Seattle, Washington, USA: 27.

Werner Forman dankt außerdem für ihre Hilfe:
Dennis Alsford; Dave Bruckner; Madeline Bronsdon; Helen Chandra; Ralph Coe; Richard Daily; Dr. Fuchs; Trisha Gessler; Lenore Johnstone; Jonathan King; Sherie Koutz; Catherine Lampert; Lynn Maranda; Tom Martin; Peter L. Menair; Margaret Patterson; Inge Ruus; Dr. Stiles; Ron Webber.

Literaturhinweise

Boas, Franz, *Kultur und Rasse*, Leipzig 1911.
–, *Ethnologie der Kwakiutl*, Leipzig o. J.
Cook, James, *Entdeckungsfahrten im Pazifik*, Bergisch-Gladbach 1979.
Grenfell, Price A. (Hg.), *James Cook, Entdeckungsfahrten im Pazifik,* Die Logbücher der Reisen 1767–1779, Tübingen [3]1975.
Indianer in Nordamerika, Reinbek 1978.
Inverarity, Robert Bruce, *Art of the Northwest Coast Indians*, University of California Press, Berkeley und London [5]1973.
Jacobsen, Johan Adrian, *Alaskan Voyage 1881–1883,* University of Chicago Press, Chicago und London 1977.
Jewitt, John R., *Narrative of the Adventures and Suffering of John R. Jewitt*, Edinburgh 1824.
Jilek, Wolfgang G., *Salish Indian Mental Health and Culture Change*, Holt, Rinehart und Winston, Toronto, Ontario 1974.
Powell, Jay und Jensen, Vickie, *Quileute: an Introduction to the Indians of La Push*, University of Washington Press, Seattle und London 1976.

Namen- und Sachverzeichnis

*Schräg*gedruckte Ziffern verweisen auf Abbildungen

Abalon-Muscheln (Perlmutt) 12 *12 32 112*
Acweeks 34
Adler *37 40 57 90 111 124*
– Clangruppen 37
– Daunen 81
– Tänzer 53
Adlige 41 42 45 51
Alaska 7 11 13
Alert-Bay 67
Altäre 32
„alte Herren“ 112
Amhalayt *83*
Amulette 76
Andere Welt 83
Anleihen 47
Asien 9
Athabasken 11 12 59
„Ausspeier“ (Schnitzfigur) 57
Austernfischer *33*

„Babywächter“ 106
Baden, rituelles 75 76 116 124
– Körperhygiene 32
Bär *29 34 41 65 66 70 73 95 99*
Bärenmutter *28*
Bärentänzer 118
Bär-Gatten 99 100
Baxbakualanuxsiwae 70 113 114; *siehe auch* Menschen-Verschlinger-am-Nordende-der-Welt
Bella-Bella 11 104 120; *siehe auch* Kwakiut
Bella-Coola 11 97 120
Bergschaf-Hornschale *56*
Bergziege *12 97*
Bergziegen-Hornlöffel *59*
Bering-Straße 9
Bevölkerung 11 18 22
Biber *26 48 61 118*
Bildwerke, mehrdeutige *11 57 76*
Boas, Franz 12 51 52 55 57 58 60 72 78 79 87 115 116
Bokwus *96*
Brautpreis 41–46
Britisch-Kolumbianische-Hausfrauen 22
British Columbia 7 9

Caduvea 12
Cap-Flattery 11
Chilkat 32
– Webetechnik *34 108; siehe auch* Tlingit
China, chinesisch 12 13 *17*
Chinook 12
Christentum 18 19
Chukchee 11
Clan 36 47 100
– Gruppen 37
– Hüte *12 37 50* 60
– Mythen 36–38 100 101
Columbia-River 7 12
Cook, James, Kapitän 13–17 25
– Tagebuch 17
Cranmer, Daniel 67

Dalles, The 12
Decken und Kleidung 17 32 33 *33* 41 42 *45* 51 65 *70 84 108 109*
– Hudson-Bay-Decken 48 66
– Verteilung von 51
– Währungseinheit 66 78
Die-von-den-Himmeln-Herabsteigenden *siehe* Dluwulaxa
Dixon, Kapitän 17
Dluwulaxa-Gemeinschaft 110 116 117
Donnervogel *52* 73 *73*
Doppeladler *45*
Dörfer 11 25 27 30 31 32
Douglas, Gouverneur 18 19
„Dramatisierung der Träume" 106
Drossel 99

Edenshaw, Charles *46*
Ehetisat (Nootka) 37
Eichelhäher 92 95 97
Eingeborenen-Bruderschaft 22
Eingeborenenrecht 22
Eiszeiten 7 9
Erbrecht 45 46
Erster-Lachs-Riten 31 70
Erzählungen 29 89 101
Erziehung 20
Eßwettbewerbe 57
Eulachon 32
Eule *24* 72 97 *97*
Eulen-Mann *86*

Fehden 48 54 67
Feste 17 31 41 47 57
„Fettfest" 57–59
Feuerstellen 28
Feuer-Werfer 116 117
Fischen 20 22 31
– Hauptfischgründe 47
„Fisch-Esser" 30
Fischhaken 38 31
Fischöl 12 28 32 57 58 65
Fischreusen 31
Fliegender-Frosch *101*
Fraser-River-Steinarbeiten *9 11*
Frau, soziale Stellung 41 45
Frauentänze 109
Freudenfeste 62
Frösche 38 *41* 95 *101*
Froschleute 38

Ga-git *71*
Gebete
– an Bäume 87
– an den Heilbutt 72
– an den Lachs 71
Gedenkpfähle 38 64
Gedenk-Potlatch 62
Geister 95
Geistergesang 104 106–110
„Geisterkrankheit" 106
Geistersuche 75 76 106
Gemeine 41 42 45 52
Geschlechtskrankheiten 18

Gesichtsbemalung 32 70 76 108 118
Gesichtszüge, europäische *18*
Gespenster-Tänzer 113
Gezeiten-Frau 99
Gitskan (Tsimshian) 11
Gräber und Särge *85* 86 87 95
Grislybär-Tänzer 52 116
Großhaus 27
Grouse 56
Gruppen, soziale 34–37
Guaicuru 12

Habichtgeist-Maske *88*
Haida 11 25 28 32 37 41 42 64 92 99 104 105 118 120
– Malpinsel *47*
– Schamanen 77
Hamatsa 110 112–117
Hamshamtses 116
Handel 12–18 47 59 66 104
Handelsschiffe, europäische 17 18 25
Handelsware *12* 32
Harrison, Charles 25
Häuptlinge 36 41 47 64 65
– Redestab *113*
– Umhang *109*
Häuptling der Toten *96*
Häuptling-Über-Uns 89
Haus der Wölfe 122
Häuser 10 27 28 30 104 113
– Inneres *36*
– rituelle Bedeutung 30
Hausgemeinschaft, Geschichte *44*
Hausgeschirr, zeremonielles 57 *57*
Hauspfosten 27 *28* 38 *39 48 125*
Heiltsuk *siehe* Bella-Bella *und* Kwakiutl
Heilungs-Tänzer 116
Heiraten 20 41–46 65 112
– mit Tieren (Mythen) 99 100
Heldengeschichten 100
Hermelin 97
Herz, hölzernes 97
Hexengeist *104*
Himmelshäuptling 94
Himmelswelt 90 94 97
Hirsch 97
Holzschalen *14 32 56 57*
Hoxhok 104
Hudson-Bay-Kompanie 17
Hunde-Esser-Gemeinschaft 110 118 120
Hund-Gatten 99 100
Hundshai *46* 99 *102–103 114*
Hundshai-Leute *99*

Indianer-Agenten 20
Indianer-Erlaß 19 20 60 67
Indianer-Prediger 18
Indianertänze 110

Jagd 32
– Rituale 70

Jenseitige 76
Jewitt, John 28 41
Juan-de-Fuca-Straße 11

Kaigani-Haida 11 118
Kannibalismus 116
Kanton (China) 17
Kanu-Leute 76
Kanus 13 25–27 31
– Bestattungs- 97
– Bugornamente *25 53*
– Lied 52
– Symbolik 113
– Zeremonien- 52
Kastentrommel 78 *105*
Keulen, zeremonielle *58 122 123*
King, James 13 25
Kinqalalala 113 114
Kisten (Truhen) 12 *12* 28 38 *54 72 73 85*
Kleidung 33 38 *45* 52 53 104
Klima 9
Knight-Bucht 11
Knochenspiel 30
Knopfdecken *45* 59
Konkubinen 45
Korbwaren *34*
Kormoran 95
Körperbemalung 32
Körperhygiene (Bad) 32
– rituelles Baden 75 76
Koryak 11
Kosmetik 32
Krähe 95 100
Kranich *104*
Krankheiten 18 81 105; *siehe auch* Masern
Krankheitsgegenstand 78 81
Kreditsystem 47
Kriegsgeist 116 117 120
Kriegskanu *53*
Krippen *46*
Krummschnabel-des-Himmels 66
Kunst 11 12 104 105
Kupfer 59 60
– Bänder aus *60 61*
– Kopfschmuck *103*
Kuro-Schio (Pazifischer Strom) 9 30
Küsten-Salish *siehe* Salish
Kwakiutl 11 27 34 37 42 45 46 48 52 60 62 65 67 70 73 87 97 104 105 120
– Schamanen 78
Kwakwabalas 76

Lachs 31 *31 72* 99
„Lachshaus unter dem Meer" 31
Lachwettkämpfe 29
Lagius, Häuptling 42
Land der Toten 83 97 113
Land-des-Ewigen-Todes 83
Landotter 73 76
Langhaus 27
Leichen 31 113 116
– Maske *98*

Levi-Strauss, Claude 12
Liebeszauber 45
Ligi-ralwil *39*
„Loch-durch-den-Himmel" *39*
Loqwana (Wolfstanz) 122
Lösegeld 41

Makah (Nootka) 11
Maori 12
Maquinna, Häuptling 28 41
Masern 81 105
Masken 17 33 67 104 105
Meeresungeheuer 70
Menschenverschlinger 110 120
– Geist 65
– Gesang 115 116
– Pfahl 115
– Schrei des 113
– Tänzer 110 120
Menschen-Verschlinger-am-Nordende-der-Welt 70 113 114; *siehe auch* Baxbakualanuxsiwae
Milbanke-Sund 11
Missionare 18 81
Missionsschulen 20
Mitla 120
Moachat (Nootka) 37
Mond 90
– Maske *117*
Monstervogel 67
Moos 8 9
Mörderwal 27 37 *82* 98 *105*
– Clangruppen 37
– Tänzer 118
Mücken 97
– Maske *114*
Mund-an-beiden-Seiten 95
Musterbrett *34*

Namen 42 48 51 54 57 110
– Gebäude 30
„Nase-wie-Coho" *49*
Nass-River 7 11
Natcitlaneh 37
Nerz 90 92 95
Niska (Tsimshian) 11
Nontsistalal (Feuer-Werfer) 116
Nootka 11 25 28 29 32 33 37 42 64 70 83 98 99 105
– Schamanen 83
– Sund 13
– Tänze 122–124
Nordwest-Kompanie 17
Nordwind 101
Nulmal (Faulen-Tänzer) 116 *116 122*
Nutlam 110 117

Octopus *70*
Ölschale *32 56*
Ort-der-Übernatürlichen-Kraft 113
Otter 72 90
Ozean-Leute 76

„Patshatl“ 51
Perez, Juan 13
Pfeilkette 90 97
Polygamie 45
Portraitmasken *15 16 18 35 106–107 119 120 121*
Potlatch 17 18 47 51–67 116
Prince-of-Wales-Inseln 11
Prince-Rupert-Island 9 11
Prostitution 18 19
Puget-Sund 11 12
Puppen *78*

Quarzstücke, übernatürliche 70
Quatsino-Sund 122
Queen-Charlotte-Inseln *8* 9 11 13 *23 25 94–95*
Quileute (Salish) 90 92

Raben *59* 90 92–95 *95* 97 99
– Clangruppen 36
– Hauseingänge 38
Raben-Tänzer 118
Rasseln *72–73 78 79 82*
Ratsversammlung 22
Reden 42 54 55 57 60
Redestab *113*
Regenbogen 92 97
Regenküste *8*
Reinigungsriten 116 124
Religion 103
Reservate 19 22
Riou, Edward 17
Rituale 70 72 75 76 86 116 124
Rivers-Bucht 11
Rochenpaar *33*
Rotkehlchen 98
„Rücktritt“ der Tänzer 112
Rüstung 13 67

Salish 11 27 37 46 47 62 64 65 70 73 83 87 90 98 99 105
– Geistergesang 105–110
– Schamanen 76 78
Samwell, David 85
Schädel, geschnitzte *115*
– Maske *98*
Schamanen 76 *79 82 87* 97 104 106
– Gemeinschaft 110 112 120
– Heilungsritus 78–81
– Insignien *77*
– Krone *79*
– Robe *70*
– Sarg *85*
– Schurz *84*
– Tanzstab *79 104*
Scheidung 46
Schmäh-Lieder 54 55 58
Schnecke 90
Schnitzereien 27–29 38 104 105
Schöpfungsmythen 89
Schulen 20 22
Schutzgeister 106 120
Schwindlersagen 92–97
Seehund *18* 70 95
– Gemeinschaft 113
– Maske *74–75*
Seele, Symbol 81
Seelenfänger *81* 83
Seelenverlust 81 83
Seelöwen 37 95
Seeotter *14* 17 *31*
Seeteufel *70*
Seeungeheuer *93*
„Selbstzerstörer-Geist“ 120
Shakes, Häuptling *29* 41 *105*
„Shakeyet“ *102–103*
Sibirien 11
Sich-Übergeben, rituale Funktion 65
Sisiutl (doppelköpfige Seeschlange) 70 73 120 122
Sitzbank 29 *30*
Sitzordnung, zeremonielle 54 110
Skedans (Haida) *23*
Skeena-River 7 11 *90–91*
Skidegate 26 99
„Skil“-Hüte *64*
Sklaven 28 41 42 59 61
„Sklaventöter“ *58 59*
Sonne 89 94 97
– Frau, die die Sonne heiratete 97
– Maske 116
– Prüfungen des Schwiegersohns 101
Sonnenwappen-Maske (Kopfschmuck) *93*
Spalt-Bär *39*
„Spalt-Leiche“ *49*
Sperlings-Gemeinschaft 112
Spiele 30
Spinnenfrau 97
Spinnwirtel *11 36 52*
Sprachgruppen 11 12
– Übersicht (Landkarte) *21*
Sprecher 112
– Stab *113*
Stab, zeremonieller 112 *113*
Stachelschwein 98
– Borsten 12 *84*
Stämme 11 12
Stammesgrenzen 13 47
Status 18 20 41 42 46 47 51 73 116
– Schamanen 83
Steinarbeiten *9 11 13 18 62 63*
Stein-Kippe 101
Steinstößel *13*
Stek-ya-den *10*
„Stelle-der-Öffnung“ *39*
Stikine-River 7
Stirnschmuck 118 *118*
Straße von Georgia 11
Streitaxt *67*
Strudel 101

Tabakmörser *9*
Tabus 110 115 116 122
Tänze 19; *siehe auch* Zeremonien
Tänzer 52 53 103
– Abzeichen der 108
– Helfer der 108
Tanzgeister 106
Tanzgemeinschaften 104 110f 116 120
Tätowierung 32 38
Tekijek *70*
Temlaxam *10 90–91*
Theater 110
Tier-Geister 72 73
– Heiraten 99 100
– Mythen 97 98
Titel 66; *siehe auch* Namen
Tlingit 11 36 37 45 59 61 70 92 99 104 105 117
– Schamanen 76
– Tänze 117–120
Totempfähle 10 26 27 *27* 38 *39 40 41 48 49 64 64 65 71 100 125*
Totem und Totemismus *31* 38–41 69 73–76 104
Toxwid 120 122
Träger-Junge 101
Trance 70 75 76 104 106
Trauerfeste 62
Träume 81; *siehe auch* Trance
Trommeln *105* 106
Tsetseka 110
Tsimshian 11 36 37 41 59 62 87 92 95 104 105 118
– Tänze 120
Tsonoqa (Wilde-Frau-des-Waldes) 70
Tümmler 90
Tümmler-Frau 90

„Übernatürliche Saison“ 103 110
Uferschnecke 98
Umgestaltung der Erde 92
Unfruchtbarkeit 65
Ungeheuer *49 83*
Union der Britisch-Kolumbianischen Häuptlinge 22
Ur-Volk 90 97 99

Vancouver 9
Vancouver, Insel 7 11 13 18 19
Verträge 19 22
Verwandlungsmaske *101*
Victoria 9 18
Vorfahren 37 38 *38* 73 *123*

„Wächter“ *64*
Waffen 41 *42* 47 66 *67 95*
Wald-Leute 76
Wale *18* 31 32 57 70 90
Walfischfang-Rituale 31
Wappenhelme *124*
Wappenpfahl *27*
Wassergeister *70* 109
Webber, John 32
Wilde-Frau-des-Waldes (Tsonoqa) 70
Wilder-Mann-der-Wälder 96
Williwaws 9
Winterzeremonien 101 103–125
Wolf *39 50* 72 97 98 110 118 122
– Clangruppen 37
– Masken 122 *118*
Wolfstanz 99 104 122–124

Xwé-Xwé-Maske *105*

Yakutat-Bai 7
Yaqalenala 56
Yukaghir 11

Zähne („Stoßzahnschalen“) 32 *43*
Zauberer und Zauberei 69 76 78 86 87 98 111

Zaunkönig 90 95
Zedernrinde-Ring 61 113
„Zeit des Tabus“ *siehe* „Übernatürliche Saison“
Zeremonien
– Bella-Coola 120
– Kwakiutl 110–116
– Nootka 122–125
– Salish 105–110
– Tlingit 118–120
– Tsimshian 118
Zeremonien-Tage 55
„Zu-Tode-Benennen“ 83